GERDA TORNIEPORTH

Buchs

Sorten | Pflege | Formschnitt | Gestaltung

Was Sie in diesem Buch finden

Buchsbaum – ein Evergreen

Buchsbaum ist in den vergangenen Jahren zu einem der beliebtesten Gartengehölze geworden. Seine Verwendung bei der Gartengestaltung ist bis heute durch die Gartenstile der Renaissance und de Barock inspiriert.

Schönheit von Dauer

Es gibt Pflanzenarten, die Gartenliebhaber für ein, zwei Jahre begeistern können, etwa eine besondere hellblaue Winde, eine nach Schokolade duftende Kosmee, die Zinniensorte 'Persischer Teppich' oder ein ganz bestimmter Typus von Fleischtomaten mit fein ausbalancierter Säure. Diese Pflanzenarten werden eine Weile den Garten dominieren oder als Attraktion an einem besonderen Platz gefeiert. Dann sinken sie zurück an einen bescheidenen Platz in der Gartenkonzeption oder verschwinden wieder aus ihr. Andere Pflanzenarten halten unsere Zuneigung länger fest, schon weil sie einen längeren Lebenszyklus haben. Wer sich einmal für historische Rosen begeistert hat und dieser Begeisterung Taten folgen ließ, wird für immer süchtig nach dem Duft von Centifolien. Und nun gar die Liebhaber von Obstgehölzen! Bis eine 'Bürgermeister'-Birne heranwächst und ein 'Kaiser Wilhelm'-Apfel endlich trägt, muss die Vorfreude einen langen Atem haben. Bis ein Spalier von weißen Pfirsichen üppig fruchtet, braucht es fast zwei Gärtnergenerationen.

Elegant und geheimnisvoll: ein städtischer Vorgarten mit Buchsbaumquadern und -spiralen.

Einfall der Natur

»Jede Pflanze ist ein seltsamer, ein grandioser Einfall der Natur, der sich in frommer Unbekümmertheit an uns wendet und in unser Weltgefühl einbezogen sein will, was uns wiederum zwingt, die Spannweite unseres inneren Lebens nach immer neuen Seiten hin zu vergrößern, in die uns bekannte und neue Pflanzen locken.«

Karl Foerster, 1962

Eine von den Pflanzenarten, die uns ein Leben lang erfreuen können, ist der Buchsbaum. Wer ihn für sich entdeckt, wird einige Jahre begeistert sein, wird vielleicht den Garten umkrempeln, weil der Buchsbaum ihn verlockt, mit Formen und Farben zu experimentieren. Schließlich wird das Gehölz in dieser oder jener Form einen dauerhaften Platz im Garten bekommen und dort ebenso als Hauptattraktion wie als bescheidener Hintergrund oder grüne Grundstruktur eine Rolle im Gartenkonzept spielen.

Wenn Gärten schließlich altern und schattig werden, weil sie zuwachsen, wenn niemand mehr Sommerblumen sät oder die Staudenrabatten pflegt, bleibt der Buchsbaum übrig. Auch wenn er nicht mehr geschnitten wird oder nie geschnitten wurde – langsam und beharrlich füllt er die ihm von der Natur vorgegebenen Formen und grünt, wo anderes verblichen ist.

Selbst Buchsbäume, die umgeschnitten wurden, treiben aus den Stümpfen und Wurzelausläufern aus. Fast wie Unsterblichkeit mutet dieses unermüdliche Austreiben an. Der Buchsbaum überdauert Verletzung und Zerstörung, Frost und winterliches Dunkel mit seinem tröstenden Grün. Dieser Dauerhaftigkeit wegen wurde er zum Symbol für das Weiterleben nach dem Tode und eroberte die Friedhöfe (siehe Seite 12).

Duft und Textur

Aber *Buxus sempervirens* ist keine Friedhofspflanze, er ist der fröhliche immergrüne Held südeuropäischer Dschungelwälder. Der Buchsbaum wird dort alt, aber nicht groß, er ist zäh, aber sein Stamm bleibt schlank. Man muss den Duft der mittelmeerischen Wäldchen und Macchien mögen: Buchs und Sonnenwärme gehören zusammen und sind in dieser Kombination fast atemberaubend. Wie soll ich diesen Duft beschreiben? Er ist auf jeden Fall herb, streng, manchmal fast bitter. Es ist kein leichtes, feines oder gar süßes, sondern ein leidenschaftliches, moschusgesättigtes Aroma. Da ist eine Duftkomponente, die mich an die Markierungen von Katern, und eine, die mich an Weihrauch erinnert. Buchs duftet keineswegs zurückhaltend. Man hat den Strauch noch gar nicht gesehen, da kommt schon seine olfaktorische Botschaft: Hier bin ich, hier ist Leben!

Der Buchsbaumduft spielt in den meisten Gärten nicht die erste Geige in der Duftkomposition – es sei denn, wir hätten ein Buchsparterre vor uns; er spielt – wie in der barocken Musik – den Generalbass. Sein Duft ist die Grundnote, die dem Parfüm unserer Gärten Haltbarkeit, Tiefe und Sinnlichkeit verleiht. Jeder Besucher im Garten kann Rosen-

Dieser alte *Buxus sempervirens* 'Bullata' wurde auf den Stock heruntergeschnitten und treibt dennoch wieder aus.

Das ganze Jahr über ist dieser streng geometrische Buchsgarten eine Augenweide.

duft mögen, keine Kunst, ganz zu schweigen vom Geißblatt oder vom süßen Atem des Goldlacks. Am Aroma des *Buxus* aber scheiden sich die Geister. Nicht jeder und jede wird sich daran gewöhnen oder es gar lieben lernen. Es gibt sicher Gärtner/innen, die das Aroma nur in Kauf nehmen, weil sie auf die optischen und haptischen (fühlbaren) Reize des Strauches nicht verzichten wollen.

Für mich stehen die **fühlbaren Reize** des Buchsbaums an erster Stelle. Mindestens so schön wie Moos, wie die glatte Rinde einer Buche fühlt sich das Blattwerk von *Buxus* an. Besonders der geschnittene Buchs mit seinem dichten Blätterkleid hat es mir angetan. Er fühlt sich kühl an und weich, aber trocken. Man muss nicht vorsichtig sein, das Blattwerk ist robust, die ganze Hand kann sich darin versenken und die zahllosen kleinen Blätter liebkosen; sie laden direkt dazu ein. *Buxus* gehört zum Streichelherbarium des Gartens. So wie wir an keiner Rose vorbeigehen können, ohne ihren Duft zu kosten, so können wir auch den taktilen Reizen von frischen Buchstrieben kaum widerstehen.

Mit Schnee bedeckt, treten die Linien der Gehölzbänder zauberhaft hervor.

Immergrüne Augenweide

Aroma und Textur verbinden sich mit dem satten Grün von Buchsbaum zu einem unverwechselbaren sinnlichen Erlebnis. Selbst im Hochfrühling, wenn alle Pflanzen im frischen Grün prangen und der Garten voller Farben ist, sind die Grüntöne der Buchseinfassungen eine Sensation. Dabei reicht die Farbpalette von *Buxus* von Hellgelbgrün über Moosgrün, Apfelgrün bis Olivgrün, Schwarzgrün und Blaugrün. Matte und glänzende wie auch bereifte Blätter erfreuen das Auge, besonders wenn der Garten winterlich kahl ist. Wie Ilex und Efeu, Rhododendron und Eibe lässt uns der Buchsbaum an die Wiederauferstehung des Frühlings glauben.

»Nur du, mein kleiner Buchsbaum, pflanzest
Dein grünes Haupt
Dem Frost entgegen, und verhöhnest
Des Winters Macht«,

so heißt es in dem Gedicht »Der Gärtner an den Garten im Winter« von Ludwig Christoph Heinrich Hölty.

Erst im Winter zeigt sich in ganzem Maße, was der Buchsbaum an Augenweide zu bieten hat. Nicht nur unvergängliche Grüntöne und lebendige Blattformen durch das ganze Jahr erfreuen uns. Auch die horizontalen und vertikalen Strukturen, die der Buchsbaum als Strauch, als Skulptur oder als Beeteinfassung bildet, bleiben den Winter über erhalten. Ja, sie treten besonders stark hervor, wenn sie mit Schnee bedeckt sind und zur reinen Linie oder zum geometrischen Muster werden.

Ein Buchsgarten mit vielen Sorten: In der breiten Palette der Grüntöne fallen besonders silber- und goldlaubige sowie tief blaugrüne und hell gelbgrüne Sorten auf.

Buchsbaum in der historischen Gartenkunst

Der Buchsbaum gehörte einst zu den am weitesten verbreiteten Gartengehölzen in Europa, und doch war er bis in die achtziger Jahre des 20. Jahrhunderts hinein aus dem Sortiment der Baumschulen fast verschwunden. Auch in den Fachzeitschriften des Gartenbaus war er selten Thema. Vom Ende des 19. Jahrhunderts über die zwanziger und dreißiger Jahre bis in die siebziger Jahre war der Buchsbaum eine Pflanze im Schatten der Gartenbauwissenschaft. Immerhin wurde hier und da eine neue Sorte vorgestellt, oder es wurden – typisch für die sechziger Jahre des letzten Jahrhunderts – Schädlingsbekämpfungsmittel gegen Buchsbaumgallmücken empfohlen.

Liebe über den Tod hinaus, Vollkommenheit und die Verbindung zwischen Himmel und Erde symbolisieren Kugeln und Kegel aus Buchsbaum.

Erst seit etwa 1980 wuchs das Interesse an diesem Gartengehölz wieder, Themen wie Formschnitt, Buchshecken und -einfassungen tauchen erneut in den Zeitschriften auf. 1993 vergab die Internationale Gartenbauausstellung je eine Gold- und Silbermedaille für ein Buchssortiment an die Baumschule Andreas Huben in Ladenburg. In vielen Jahren sammelte Andreas Huben mehr als sechzig Sorten, die man mittlerweile sichtet und vermehrt. Aber es werden noch einige Jahre vergehen, bis man auch die neuen »hauseigenen« Sorten am Markt einführen kann. Das Ausgangsmaterial für die Züchtung dieser neuen Sorten sind übrigens alte Buchsbäume im Hermannshof zu Weinheim. Die alten Buchsbäume haben die Zeit überdauert, in der sie aus der Mode waren.

Von den römischen Gärten zur Friedhofspflanze

Der Buchsbaum war nicht zuletzt deshalb als Gartenpflanze aus der Mode gekommen, weil er zur Friedhofspflanze geworden war. Von Beginn des 19. Jahrhunderts an beschäftigten sich Gartenautoren auch mit der Friedhofsgestaltung und favorisierten eine einheitliche Einzelgrabgestaltung. So forderte und förderte der Hamburger Gartenarchitekt Leberecht Migge (1881–1935), dass die Einzelgräber durch Rahmen aus Baum und Strauch zu grünen Räumen gefasst werden sollten, die insgesamt einen »Totengarten« ergeben. Seitdem waren in vielen Friedhöfen bestimmte Gehölze als Einfassung vorgegeben, z. B. Eibe, aber eben vor allem der Buchsbaum. Schließlich wurde der herbe aromatische Duft der Pflanze zum olfaktorischen Erkennungsmerkmal der Friedhöfe. Kein Wunder, dass man das immergrüne Gehölz aus dem Hausgarten verbannte.

Bevor er zum Friedhofsgewächs wurde, war der Buchsbaum als Gartenpflanze sehr beliebt, und das über viele Jahrhunderte. Das für uns früheste schriftliche Zeugnis dafür bietet der Bericht des römischen Politikers und Schriftstellers **Plinius d. J.** (61–113) über den Garten seiner Villa Laurentinum am Fuße des Apennins. In diesem Garten am Meer gab es stufenweise gepflanzte Buchshecken an einer Mauer und Tiergestalten aus *Buxus*, die sich auf einem Rasenstück gegenüberstanden. Auch durch Ausgrabungen wissen wir heute, dass die Römer in ihren Gartenanlagen Buchsbaum zur Gestaltung strenger architektonischer Formen nutzten und diesen regelmäßig schnitten.

Symbolsprache des 16. Jahrhunderts in Buchsbaum: die berühmten Liebesgärten in Schloss Villandry in Frankreich.

Knotengärten und Parterres in den Gartenanlagen der Renaissance

Die Renaissance der antiken Kultur brachte auch eine Renaissance des Buchsbaums als Gartenpflanze. Der Venezianer Francesco Colonna, der in seinem Liebesroman (1499) die wieder zu erweckende antike Kultur lebendig vor Augen führen wollte, schildert als Teil dieser Kultur die Gartenkunst auf der berühmten Insel der Liebenden, auf Kythera. Hier findet sich auf den »Elysischen Feldern« reichlich Buchs in Form von Hecken und zehn Meter hohen »grünen Wänden«. Zwischen Buchsgebilden auf Sockeln aus Lapislazuli plaudern und musizieren verführerische Jungfrauen und fröhliche Jünglinge.

Geschnittene Gartenkunst aus Eibe, Liguster, Hainbuche, Wacholder und Feldahorn war für die Gartenanlagen der **italienischen Renaissance** ebenso typisch wie für die **Barockgärten Frankreichs**. Mit Heckenwänden und Skulpturen wurden Gartenräume und Labyrinthe, so genannte **Heckentheater**, geschaffen. Aber in der Verwendung von Buchsbaum unterscheiden sich die historischen Gartenstile. Im Renaissancegarten diente der geschnittene

Buchsbaum vor allem als Ausdrucksmittel der Symbolsprache. Der **Knotengarten** mit seinen komplizierten Linien und geometrischen Mustern symbolisierte zum Beispiel die unauflösliche Liebe. Andere geheimnisvolle Motive aus niedrigen Buchshecken, zu geometrischen »Bildern« geordnet, symbolisierten die zärtliche oder die leidenschaftliche Liebe.
Noch heute erhaltene oder wieder hergestellte Gartenanlagen der Renaissance, wie der Giardino dei Giusti bei Verona, der weltberühmte Garten von Villandry in Frankreich und der Garten am Tudorpalast Hatfield House in England enthalten solche »Bilderbücher« aus geschnittenem Buchs, die dem Gartenbesucher Trost und Verzauberung spenden sollten. So kompliziert die Buchsbaumbänder im Renaissancegarten auch waren, sie bildeten stets das Einfassungsband für eine Vielzahl von Beeten, die mit einheimischen Nutz- und Zierpflanzen gefüllt waren. Diese Komposition von mehreren Beeten mit lebenden Einfassungen bezeichnete man als **Parterre.** (Das Wort stammt vom italienischen Wort *partiere* = teilen ab.)
Olivier de Serres (1539–1619), ein Theoretiker und Praktiker der Gartenbaukunst in der italienischen Renaissance, verglich das Entwerfen von Parterres mit der Tätigkeit eines Malers. Die Komposition von eingefassten Beeten solle, so de Serres, wie ein Bild wirken, das durch den Rahmen an Glanz gewinne. Der Rahmen der Beete bestand aus Lavendel oder Wermut, Heiligenkraut oder Ysop. Die am häufigsten verwendete Einfassungspflanze war jedoch der Buchsbaum. Durch ihn sahen die Parterres aus wie ein mit mächtigen Borten geziertes Kleid – so ein zeitgenössischer Gartenautor. Noch galten nur die Einfassungspflanzen als Dekoration, die eigentlichen Nutzpflanzen wuchsen im Inneren der Beete im Küchengarten *(potager)* ebenso wie im Blumengarten *(bouquetier)* und im Arzneigarten *(médicinal)*.

Arabesken im Barockgarten

Im Barock wird aus den Gartenanlagen der Nutzgarten ausgegliedert, es entsteht der reine **»Lustgarten«**. Die Symbolsprache der grünen Gehölzbänder verschwindet und macht der reinen Dekoration Platz. Wir finden im Barockgarten so genannte Buchsarabesken (= Ornamente) zwischen farblich abgesetztem Kies oder Sand. Das immergrüne Heckenband bildet die geometrischen Formen und dadurch die Grundlage der Symmetrie der »Lustgärten«.
Werden die Heckenornamente mit Blumen bepflanzt, dann erfüllen auch diese nur eine dekorative Funktion, nicht anders als der farbige Kies. Die Parterres werden zu Stickereien (Broderien), die man von den Fenstern des Schlosses aus betrachtet. »Dies ist der Blick, mit dem der Fürst seinen Staat und von seinem Schloss aus den Garten überschaut. Nur diesem Überblick geben die Teppichmuster der Parterres ihre Schönheit und ihren Sinn zu erkennen, in denen aus Blumen oder Buchs oder farbigem Kies zierliche Arabesken und Broderien gezogen sind und in denen durch Embleme und Wappen und Monogramme noch die stumme Natur die Größe des Haus-

Barockarabesken im Schlosspark Schwetzingen in Form fürstlicher Monogramme aus Buchsbaum und farbigem Kies.

herrn verkündet.« (aus Alewyn, siehe Literatur Seite 114).

Der französische Barockgarten nach dem großen Vorbild von Versailles wurde in ganz Europa nachgeahmt, im preußischen Schloss Charlottenburg ebenso wie im österreichischen Schloss Schönbrunn, am russischen Petershof ebenso wie im schwedischen Schloss Drottningholm. Auch in das englische Hampton Court gelangten die Buchsarabesken. Diese Gartenformen gehörten fortan zum unentbehrlichen Inventar repräsentativer Gartenanlagen, ebenso wie Wasserspiele, meterhohe Fontänen, geheimnisvolle Grotten, Irrgärten und überlebensgroße Statuen antiker Göttinnen und Götter.

Typisch für den Barockgarten – wie auch den Rokokogarten – war die **strenge architektonische Geometrie**, die trotz großer Ausdehnung eine bestimmende Ordnung ermöglichte. So ist das französische Parterre des Schlossgartens in Schwetzingen als riesiger Kreis gestaltet, mit auf den Mittelpunkt zu laufenden rechtwinkligen Alleen. Wenn der Besucher am Arionbrunnen steht, der zentralen Fontäne, hat er tatsächlich für einen Augenblick das Gefühl, im Mittelpunkt der Welt zu stehen. Symmetrie und Harmonie sind die Gestal-

Aus dem Klostergarten wanderte der Buchsbaum in den Bauerngarten ein.

tungsmittel der barocken Gartenkunst, und beide werden nicht zuletzt durch die architektonisch geschnittenen Formen des Buchsbaumes ausgedrückt.

Mein Rat

Der Blick über den Zaun fremder Gärten hat etwas ungemein Anregendes und Erheiterndes. Gestaltungsprinzipien und -elemente der Gartenkunst zu entdecken kann sogar sehr aufregend sein, gleichgültig ob man sie in einem kleinen Privatgarten oder einem prächtigen, barocken Schlossgarten vorfindet.

Vom Schlossherrn zum Bauernburschen

Buchsbaum ist nicht nur ein »Schlossherr«, er ist auch ein »Bauernbursche«, wie der bekannte belgische Buchsgärtner Paul Barbay es ausdrückt. Von den **Bauerngärten** der Schweiz bis nach Flensburg, vom englischen **Cottagegarten** bis nach Osteuropa findet man frei wachsende Buchsexemplare und geschnittene Buchsformen in ländlichen Gärten. Die Klöster vor allem der Benediktinerorden – so nimmt man an – waren Vorbild und Pflanzenquelle für den kreuzförmig angelegten bäuerlichen Buchsgarten. Von dort, so wird vermutet, gelangte der Buchsbaum in die Bauerngärten, wo er als niedrige Hecke zum

Einfassen der Beete und Wege, aber auch als Arzneipflanze und Solitär am Gartenzaun eine lange Tradition hat.
Patrizierfamilien taten es schon im 17. Jahrhundert, unmittelbar nach dem Dreißigjährigen Krieg, dem Adel gleich und legten sich am Haus kleine Nutz- und Ziergärten mit Buchsbaumbosketten an – kleine Paradiese bürgerlicher Gartenkunst, die man gelegentlich noch heute bewundern kann.

Buchsbaum im Landschaftsgarten

Im 18. Jahrhundert entwickelte sich in England eine Gartentheorie, die den reinen französischen Lustgarten ablehnte und Gartenentwürfe forderte und förderte, welche die »natürliche« Gras- und Waldlandschaft nachahmten. Nachbildungen der Kulturlandschaft, wie Weiden, Felder, Baumgruppen und Sandwege, zogen in die Gärten ein. Der Landschaftsgarten oder Englische Garten wurde in Deutschland das dominierende Konzept der Gartentheorie bis ins 20. Jahrhundert. Damit verschwand auch der Formschnitt aus der Gartengestaltung. Buchsbaum kam nun in den Parks und größeren Gartenanlagen als frei wachsender Busch vor, als Vor- und Zwischenpflanzung oder als immergrünes Wäldchen in Gesellschaft von Ilex und Eibe. Ein beeindruckendes Beispiel für die Verwendung von frei wachsendem Buchsbaum im Landschaftsgarten ist der Park von Sanssouci, wo *Buxus sempervirens* var. *arborescens* und *B. s.* 'Aureo Marginata' als mächtige, vier Meter hohe Baumgruppen und Einzelexemplare immergrüne vertikale Akzente setzen.

Frei wachsender *Buxus sempervirens* var. *arborescens* in einem Landschaftsgarten.

Gärten erleben und gestalten

Heute bestehen in der Gartenkunst viele Stilrichtungen nebeneinander. Alte Schlossgartenanlagen werden im ursprünglichen Stil restauriert; städtische Parkanlagen enthalten sowohl formale Gärten als auch Elemente des Landschaftsgartens. In den Privatgärten herrscht Vielfalt, sie reicht von Themengärten mit bestimmten Farbschemata oder architektonischen Elementen über den naturnahen Garten bis zum Waldgarten, Wassergarten usw. In dieser Vielfalt haben auch **Formgehölze** wieder ihren Platz. Schon findet man in der Baumschule Kugeln und Pyramiden, Spindeln, ja Vögel aus Buchs fertig geschnitten zum Kauf angeboten. Buchsbäumchen zieren den Eingang exklusiver Geschäfte; Buchseinfassungen tauchen in den Hausgärten auf. Fast alle diese Formgehölze kann man fertig kaufen. Aber abgesehen davon, dass sie nicht gerade billig sind, beraubt man sich durch

Eine so traumhafte Buchsskulptur wie dieser Pfau kann nur an Ort und Stelle heranwachsen und geformt werden.

den Kauf der Freude, sie heranwachsen zu sehen und selbst ihre Form zu gestalten. Gerade dies aber ist die entscheidende Veränderung moderner Gärten gegenüber früher. Die in der Literatur beschriebenen und zum Teil noch vorhandenen Gartenanlagen der vorangehenden Jahrhunderte waren einer begüterten Oberschicht vorbehalten. Die Arbeit in den Gärten, vom Entwerfen bis zur Erhaltung, wurde vom Personal ausgeführt – gleich ob Künstler, Gärtner oder Gartenarchitekt. Der Garten des Plinius wurde von Sklaven bearbeitet. Die Gartenbesitzer selbst durften im Garten alles tun, nur nicht arbeiten.
In den antiken römischen Gärten wurde getafelt; im mittelalterlichen Gärtchen wurde geplaudert und musiziert und im Brunnen gebadet. Der Renaissancegarten lud zum Gehen und Schauen ein. Im Barockgarten wurden Gesellschaftsspiele und Theater gespielt, sogar Bälle fanden dort statt. Der englische Landschaftsgarten wurde zu Pferd durchquert und war zum Jagen gedacht. Der Garten der Romantik erlaubte den Genuss der Sinne. Man genoss Schatten und Kühle, Vogellaut und Brunnenplätschern.
Undenkbar jedoch, dass eine Barockdame sich ihre Handschühchen schmutzig gemacht, ein Rokokoherr den Spaten in die Hand genommen hätte. Aber wir Spätgeborenen dürfen nicht nur im Garten tafeln, spielen und lesen, wir dürfen nicht nur mit allen Sinnen genießen – wir dürfen auch die Hände regen und uns als die kreativen Schöpfer der Gartenschönheit fühlen. Wir müssen die Formgehölze nicht fertig kaufen, wir dürfen sie heranziehen und schneiden und einfügen in die

Plaudern, Tafeln, Spielen: die Vergnügungen der Rokokogesellschaft im Garten, dargestellt von Daniel Chodowiecki.

Landschaft unserer vergleichsweise kleinen Gärten. Gerade dazu bietet uns der Buchsbaum alle Möglichkeiten.

Auf einen Blick

- Im wahrsten Sinne des Wortes ist Buchsbaum ein Evergreen! Er war ein unentbehrliches Gestaltungselement in den Gartenanlagen der Renaissance und des Barocks.
- Frei wachsender Buchs ist seit dem 19. Jahrhundert immergrüner Bestandteil des Landschaftsgartens.
- Historische Vorbilder, vor allem aber der Buchsbaum selbst sind für uns heute ein Phantasie anregender Fundus für die Gestaltung unserer Gärten.

Die schönsten Arten und Sorten

Die Arten- und Sortenvielfalt von Buchsbaum ist groß. Es gibt ihn als meterhohen Baum und als bodendeckendes Polster, als ausladenden Busch und als Hängebaum. Es gibt Sorten mit Blättern so winzig wie ein Apfelkern oder so groß wie ein Pfirsichstein in allen nur denkbaren Grüntönen oder mit weißen und goldenen Rändern oder Flecken.

Erklärung zu den Symbolen

Symbolleiste:
Die Symbolleiste gibt in Kurzform Auskunft über Wuchshöhe, Wuchsart, Wuchtstempo und Frosthärte der Pflanzen.

Wuchshöhe
70–100 durchschnittlich erreichte Höhe in Zentimetern

Wuchsart
hochstrauchig
breitstrauchig

Wuchstempo
langsam wachsend
schnell wachsend

Frosthärte
❄ kaum frosthart
❄❄ weitgehend frosthart
❄❄❄ sehr frosthart

Buchsbaum in der Natur

Der Buchsbaum *(Buxus sempervirens)* gehörte schon zur Lebenswelt des europäischen Frühmenschen vor 400 000 Jahren in der Zwischeneiszeit. Man fand am Hominidenfundort in Bilzigsleben in Thüringen im Travertinkalk eingeschlossene Pflanzenreste, Abdrücke von Pflanzen und Pollen. Diesen Funden zufolge wuchsen in den Hügelländern des heutigen Nordthüringen Eichen, Fichten, Moorbirken, Schwarzerlen, Feld- und Bergahorn sowie Zitterpappeln. Im Unterholz stand Buchsbaum neben Haselnuss und Sauerdorn, Faulbaum und Flieder.

Wild wachsender Buchsbaum hat eine große Variationsbreite in Wuchs- und Laubform.

Noch heute wächst der Buchsbaum wild als Strauch oder kleiner Baum in Süd- und Mitteleuropa. Ausgedehnte Wäldchen von duftendem Buchsbaum trifft man ebenso in der Provence an wie im belgischen Jura, im Schweizer Jura und im Illyrischen Gebirge. Auch in der Nähe von London gibt es ein kleines Buchsbaumwäldchen mit Namen Boxhill als Rest eines natürlichen Vorkommens.

Wilder Buchs ist am Gardasee zu Hause wie in Oberösterreich. Auch in Deutschland gibt es wild wachsende Vorkommen, und zwar in Südbaden. Weltweit gibt es 28 Buchsbaumarten in gemäßigten, mediterranen und subtropischen Klimazonen. Zwölf Wildarten stammen aus Asien, neun wurden auf den Großen Antillen entdeckt, hinzu kommen drei afrikanische und zwei europäische Arten. *Buxus pubescens* und *Buxus mexicana* wurden in Mexiko entdeckt, *Buxus citrifolia* in Venezuela.

Je wärmer das Klima, desto größer sind die Blätter der Buchsbaumarten. Das größte Blatt hat der jamaikanische *Buxus macrophylla*, es ist bis zu 20 cm lang, das kleinste hat *B. rugulosa* aus Nepal mit einer Blattlänge von weniger als 1 cm. Zählt man alle Unterarten mit, so kommt man allerdings auf über 80 Buchsbaumarten. Die berühmte englische Baumschule Langley Boxwood Nursery in Hampshire kultiviert nicht weniger als 13 Buchsbaumarten.

Die »Buchsbaumartigen« (Buxaceae) sind eine relativ kleine Pflanzenfamilie. Für botanisch Interessierte sei angemerkt, dass sie zur Klasse der Zweikeimblättrigen gehören und mit Ilex und Pfaffenhütchen verwandt sind. Beim wild wachsenden Buchsbaum gibt es eine große Variationsbreite bei den Blattformen: längliche, lanzettförmige Blätter kommen ebenso vor wie breit eiförmige und alle Übergänge dazwischen. Buchsbaum ist eine langsam wachsende Pflanze und kann bis zu sechshundert Jahre alt werden, wobei sein Stamm nicht mächtiger als einen halben Meter im Durchmesser wird. Nur die Buchsbäume im Kaukasus wurden einst zehn bis sechzehn Meter hoch und konnten als stattliches Nutzholz geerntet werden. Nach Jahren des Raubbaus sind diese Bäume seit 1899 unter Schutz gestellt.

Typisch für ein Buchsblatt sind der umgebogene Blattrand, die unterseits hellere Blattfarbe und die deutlich sichtbare Mittelrippe.

Kennzeichen und Merkmale der Art

Alle Buchsbaumarten haben eine Reihe von botanischen Eigenschaften gemeinsam. Das auffälligste Merkmal sind die immergrünen, ledrigen, eiförmigen bis lanzettlichen **Blätter**. Diese sind ganzrandig und am Rand eingebogen. Die Unterseite der Blätter ist deutlich heller als die Oberseite und hat eine gut sichtbare Mittelrippe. Je nach Art variiert die Länge der Blätter zwischen 0,5 und 20 cm. Die Blätter stehen an den **vierkantigen Stielen** gegenständig (paarweise in einer Reihe) oder kreuzgegenständig (jeweils paarweise über Kreuz). Buchsbaum gehört zu den Blütenpflanzen, auch wenn seine **Blüten** so unscheinbar sind, dass man sie leicht übersieht. An einer Pflanze finden sich männliche und weibliche Blüten,

Im April/Mai erscheinen die winzigen grüngelben Blüten des Buchsbaums.

Umgeben von männlichen Blüten sitzen die weiblichen Blüten in den Blattachseln.

Zweige mit geschlossenen und offenen Fruchtkapseln.

Eine reife, geöffnete Fruchtkapsel mit den glänzenden schwarzen Samen.

sie sind »einhäusig«. Im Februar/März erscheinen bei uns die traubenförmig angeordneten Blütenknospen in den Blattachseln, im April und Mai in dichten Knäueln die nur wenige Millimeter kleinen gelben Blüten. Die weiblichen Blüten haben sechs gelbgrüne Blütenblätter und einen Stempel mit drei Narben. Um jede weibliche Blüte herum sitzen fünf bis sechs männliche Blüten mit jeweils vier Blütenblättern und vier Staubbeuteln. Buchsbaumblüten bilden reichlich Nektar und werden gerne von Bienen besucht. Gleich nach dem Verblühen bilden sich die kirschkerngroßen grünen oder bläulichen Früchte mit den charakteristischen drei Hörnchen an der Spitze. Im Laufe des Sommers werden die **Samenkapseln** des Buchsbaums braun, kugelig und hart. Beim Aufspringen der Kapseln sieht man an jeder der drei Klappen oben zwei Hörner. In den drei Kammern sind jeweils zwei schwarz glänzende, längliche Samenkörner. Diese Samen werden von Ameisen verbreitet. Buchsbaum bildet erst ab einem gewissen Alter Blüten und Früchte, gewöhnlich nach etwa zehn Jahren. In diesem – für den *Buxus* noch jugendlichen Alter – sind die Samenkapseln meist noch taub. Erst bei Exemplaren ab zwanzig Jahren werden auch Samen ausgebildet.

Einige nicht frostharte Arten

Neben dem einheimischen *Buxus sempervirens* wächst in Europa eine zweite Wildart, der *Buxus balearica*. Aus Südspanien kommend, gilt er bei uns als Kalthauspflanze, doch hält er einige Frostgrade aus und ist in englischen Gartenanlagen häufig anzutreffen. Bei uns wird er an der klimatisch begünstigten Bergstraße im Freiland kultiviert. Einer Überprüfung in der Versuchsbaumschule in Hetzendorf/Burgenland hielt er allerdings nicht stand – bereits in den ersten Wintern im Freiland erlitt *B. balearica* schwere Frostschäden. Als Kübelpflanze ist der spanische Buchsbaum attraktiv mit seinen sattgrünen breitovalen leicht gebogenen Blättern, die bis zu 45 mm lang und 20 mm breit sind. Die Überwinterung in einem kühlen Raum gelingt problemlos. *B. balearica* wächst in seiner Heimat Spanien und auf Mallorca auf Felsenriffen und ist dort harten Winden und extremer Hitze ausgesetzt. Er kann seine großen Blätter um die Zweige einrollen und so eine wirkungsvolle Schutzhülle bilden.

Der Himalaya-Buchsbaum *(Buxus wallichiana)* ist nicht frosthart.

Etwas frosthärter als *B. balearica* sind der Himalaya-Buchsbaum *B. wallichiana* und der chinesische Buchsbaum *B. bodinieri*. Angeblich werden diese Arten mit der Zeit frosthärter und benötigen hauptsächlich als Jungpflanzen Winterschutz. Die Schönheit dieser Arten ist für Buchsliebhaber unwiderstehlich. *B. bodinieri* mit seinen spatelförmigen Blättern in einem unbeschreiblichen Grün ist jede Überwinterungsmühe wert. Leider kann man die zahlreichen interessanten Buchsbaumarten der Welt nur äußerst selten in Botanischen Gärten finden.

Frostharte Buchsbaumarten

Die in Mitteleuropa in kleinen Beständen heute noch wild wachsende – also nicht durch

Die in Europa heimische Art *Buxus sempervirens* mit Herbstfärbung.

Buxus balearica: Blätter so groß wie eine Walnuss.

züchterische Einwirkung des Menschen entstandene – Buchsbaumart ist der frostharte *Buxus sempervirens*. Von ihm stammen die meisten Buchsbaumsorten ab, die in Europa und den USA gezüchtet wurden. Die zweite weitgehend frostharte Buxusart, die in zahlreichen Sorten und Kulturformen kultiviert wird, ist der asiatische *Buxus microphylla*. Zwei Unterarten davon, nämlich, die japanische Buchsbaumart *B. m.* var. *japonica* und *Buxus m.* var. *koreana* werden in diesem Buch vorgestellt. Ob *Buxus microphylla* eine Art im strengen Sinne ist oder nur der Typus einer wichtigen Gruppe asiatischer Buchsbaumarten wird noch diskutiert. Man hat diesen Typus nie in der Wildnis, sondern nur als Gartenform vorgefunden. Die Frosthärte mancher von *Microphylla* kultivierten Sorten ist besonders gut, manche Sorten erleiden dagegen Winter- und Spätfrostschäden.

Buxus sempervirens

Die botanische Bezeichnung *Buxus sempervirens* bedeutet immer grünender Buchsbaum. Im Deutschen wird die Art auch als Gemeiner Buchsbaum oder Bauernbuchs bezeichnet. Es handelt sich um die in Mitteleuropa einheimische Wildform, von der die ältesten und bekanntesten Buxussorten abstammen.
Buxus sempervirens kommt als Strauch ebenso vor wie als kleiner Baum, der immerhin acht bis zehn Meter hoch und bis zu 600 Jahre alt werden kann. Die Borke der Bäume ist gelb bis hell graubraun, flachrinnig und runzelig wie die Haut einer Echse. Das Holz ist hellgelb und sehr hart. *Buxus s.* bevorzugt kalkhaltige, warme, trockene Standorte, gedeiht aber auch in feuchteren Böden und im Schatten, in Lehm-, Sand- und Kiesböden, ja er toleriert sogar humose Böden in Nadel-Laub-Mischwäl-

dern. Von allen immergrünen Laubgehölzen ist *Buxus sempervirens* die frosthärteste Art. Als Strauch ist *B. sempervirens* locker aufgebaut und wirkt etwas schütter, weil der Abstand zwischen den Blättern sehr groß ist. Das Ast- und Zweiggerüst ist deutlich zu sehen. Die Farbe der Blätter variiert je nach Alter und Standort der Pflanze zwischen hellem bis sattem Grün; im Winter verfärben sich die Blätter gelb.

Der Name der Art *(B. sempervirens)* taucht auch in der Sortenbezeichnung wieder auf. Die Sorte *Buxus sempervirens* 'Blauer Heinz' signalisiert uns mit ihrer Bezeichnung, dass sie aus der Buchsbaumart *Buxus sempervirens* entstanden ist. (Gelegentlich wird der Sortenname auch klein geschrieben.) Will man diese umständliche Sortenbezeichnung abkürzen, so schreibt man *B. s.* 'Blauer Heinz' oder einfach 'Blauer Heinz'.

Buxus ist bekanntlich der botanische Name. Er ist in vielen europäischen Sprachen nur leicht abgewandelt (box, bosso, le buis) und geht angeblich auf das griechische Wort *pyxis* zurück. Pyxiden waren kleine walzenförmige Dosen und Kästchen, die schon im antiken Griechenland aus Buchsbaumholz gedrechselt wurden. Pyxis ist der griechische Wortstamm für »Büchse«, englisch »box«. Der Name Buchsbaum deutet also auf die Verwendung des Holzes hin (siehe Seite 114 ff.).

Buchsbaumsorten

Einige der natürlichen Buchsbaum-Arten, insbesondere *Buxus sempervirens*, dienen in Europa seit Jahrhunderten als Grundlage für die Züchtung von Sorten. Das Interesse der Züchter bei der Verbesserung der Eigenschaf-

Säulenbuchs und andere Buchsskulpturen in einem Baumschulquartier.

ten von Buchsbaum-Varietäten richtete sich auf die Veränderung der Blattfarbe, die je nach Sorte glänzend dunkelgrün, bläulich bereift (wachsartiger Überzug), golden gespitzt oder hellgelb umrandet ist. Weitere Merkmale, die durch Züchtung verändert wurden, sind Blattabstand (bessere Dichtigkeit) und Wuchsform, Blattform und -größe sowie das Tempo des Wachstums. Eine Reihe von heute bekannten Sorten sind allerdings nicht durch Züchtung entstanden, sondern von der Natur selbst als Mutation oder Naturhybride hervorgebracht worden.

Große Vielfalt

Derzeit werden weltweit rund hundert *Buxus*-Arten und -sorten in speziellen Baumschulen bzw. Arboreten kultiviert. So gibt es in der Altmark in Sachsen-Anhalt eine Nationale Kollektion von Buchsbaum. Seit Jahren bekannt ist die Baumschule Huben an der Bergstrasse für ein besonders breites Sortenspektrum; mehr als 50 Buchsbaumsorten und -arten kann man sich in der Baumschule ansehen und zum Teil auch erwerben. Ein weiterer Betrieb mit großem Buchsbaumsortiment ist die Anzuchtbaumschule Atrops an der Grenze zu den Niederlanden, sie bietet 23 Sorten als bewurzelte Stecklinge oder mehrjährige Pflanzen an. Manche Baumschulen haben vor Jahren zunächst ihr Sortiment erweitert und dann wieder reduziert. Grund war der neu aufgetretene infektiöse Pilz *Cylindrocladium buxicola*, welcher die Bestände bedroht (siehe hierzu S. 108 ff.).

Zum Standardsortiment der Baumschulen gehören *B. s.* var. *arborescens*, *B. s.* 'Suffruticosa', *B. s.* 'Blauer Heinz' und *B. s.* 'Rotundifolia'. Eine große Sortenvielfalt ist nicht nur unter dem Gesichtspunkt der Sammelleidenschaft von Interesse, sondern insbesondere deswegen, weil die Wahl der richtigen Sorte über Erfolg und Misserfolg des Gärtnerns mit Buchsbaum entscheidet. Werden zum Beispiel Jungpflanzen von *B. s.* var. *arborescens* für die Anlage einer niedrigen Hecke erworben und gepflanzt, so mag diese Hecke zunächst gut aussehen. Sie erfordert jedoch einen häufigen Schnitt und ist nach wenigen Jahren dennoch viel zu hoch und insbesondere im Wurzelbereich viel zu mächtig. Eine Buchssorte, die normalerweise wie ein Baum wächst, kann eben nicht dauerhaft in Zwergform gehalten werden. Die Auswahl der richti-

Zu den Porträts

In der nun folgenden Übersicht über Buchsbaumsorten spielen – wie in der Gartenpraxis auch – die Abkömmlinge von *Buxus sempervirens* die wichtigste Rolle. Daneben werden Formen von *Buxus microphylla* vorgestellt. Alle Sorten, die beschrieben werden, sind frosthart und daher für die Freilandpflanzung geeignet. Es werden jene Sorten vorgestellt, für die wenigstens zwei Bezugsquellen genannt werden können, die Sie im Anhang finden (siehe Seite 120).
Gruppiert wurden die Sorten auf den folgenden Seiten nach den Verwendungsmöglichkeiten im Garten.

gen Sorte für einen bestimmten Standort ist darüber hinaus auch entscheidend für die Gesunderhaltung der Pflanzen, die ganz bestimmte Ansprüche an Boden, Belüftung und Besonnung stellen.

Sortenprüfung

Seit Jahren werden Buchsbaumsorten auf ihre Eigenschaften hin getestet:

- 1959–1979 wurde ein *Buxus sempervirens*-Sortiment im Sichtungsgarten Weihenstephan auf Frosthärte und Wuchsverhalten hin überprüft
- 1994–2000 wurde an repräsentativen Standorten in Deutschland die Bundesgehölzsichtung *Buxus* an 18 Arten/Sorten vom Bund Deutscher Baumschulen und dem Bundessortenamt durchgeführt
- 1999–2009 wurde von der Höheren Bundeslehr- und Forschungsanstalt für Gartenbau, Wien im Stauden- und Gehölzsichtungsgarten Königshof eine umfassende Überprüfung von mehr als 70 Arten/Sorten durchgeführt, und zwar nach Frosthärte, Austrieb und Blüte, Wuchsstärke sowie Krankheiten

Die Ergebnisse dieser Überprüfungen wurden, soweit dies möglich war, für die nachfolgenden Sortenbeschreibungen genutzt. Neuerdings ist eine besonders wichtige Eigenschaft eine ausreichende Resistenz gegen Pilzbefall. Zu dieser Frage gibt es vorerst nur wenige Erfahrungswerte.

Weil die Sortenbezeichnungen bei Buchsbaum weder eindeutig noch überschneidungsfrei sind, gibt es auch Bemühungen zur »Sortimentsbereinigung«. Die »Arbeitsgemeinschaft für Selektion und Züchtung von Ziergehölzen und Rosen« arbeitet an einer genauen Definition der Sorten. So werden wir eines Tages auch erfahren, ob die Sorte *B. s.* 'Angustifolia' nun 'Fiesta', 'Tenuifolia', 'Longifolia' oder 'Salicifolia' heißen soll.

Fragen zur Sortenbeschreibung können überdies mit »The European Boxwood and Topiary Society (EBTS)-Deutschland« oder dem »Altmärkischen Freundeskreis Buchsbaum e. V.« diskutiert werden. Der letztgenannte Freundeskreis betreut auch das Buchsbaumzentrum Altmark.

Eigenschaften und Merkmale der Arten und Sorten

Für die Liebhabergärtnerei sind Diskussionen über Namensgebung weniger wichtig. Hier sind die deutlich ausgeprägten und erkennbaren Eigenschaften der Sorten von Interesse, nämlich:

- Farbton, Größe, Form und Beschaffenheit des **Laubes**
- Stärke und Form des **Wuchses** bei geschnittenen und ungeschnittenen Pflanzen der Sorte (stark oder schwach, geschlossen, flach, baumartig, strauchartig überhängend usw.)
- Diese Eigenschaften entscheiden über die **Verwendung**, also ob sich die Sorte als Solitärpflanze eignet, für die Unterpflanzung, als Sichtschutz, als Bodendecker oder niedrige Hecke, für eine hohe Hecke oder als Farbakzent im Garten.

Sorten für niedrige Hecken und Beeteinfassungen

‘Blauer Heinz’ (Syn.: *B. s.* ‘Blauer Heinrich’)

Buxus sempervirens

45

Diese Sorte ist eine Mutation von *B. s.* ‘Suffruticosa’. Sie wurde erst in den achtziger Jahren des 20. Jahrhunderts im Großen Garten Herrenhausen bei Hannover entdeckt und dort auch zum ersten Mal vermehrt; sie erwies sich in langjähriger Erprobung als beste Einfassungssorte. Die Namensgebung verweist auf den damalige Gartenmeister von Herrenhausen, Heinz Gruppe, der den blaugrünen Buchs aus einer Sämlingspflanzung selektierte. Heute, nach dreißig Jahren, gehört der ‘Blaue Heinz’ zum Standardsortiment und erfreut sich großer Beliebtheit, weil die Blätter auch im Winter ihre dunkelgrüne Farbe behalten. Selbst Stecklinge, die im Winter geschnitten wurden, bewurzeln sich problemlos.

Laub: Auffallend an *B. s.* ‘Blauer Heinz’ ist die intensive blaugrüne Färbung des Laubes. Nur die Sorte *B. s.* ‘Glauca’ hat ein noch stärker ins Blau gehendes Grün. Die Blätter sind breitoval, bis 22 mm lang und dicht stehend.

Wuchs: Der ‘Blaue Heinz’ wächst noch kompakter und langsamer als ‘Suffruticosa’. Der jährliche Neuaustrieb ist gering und verholzt kaum, sodass die Sträucher mit wenig Aufwand zu schneiden sind. Der größte Vorteil gegenüber ‘Suffruticosa’ ist jedoch, dass die Pflanzen auch in der beschnittenen Hecke von unten her und in der Mitte kaum kahl werden.

Verwendung: Ausgezeichnet eignet sich der ‘Blaue Heinz’ als Beeteinfassung, vorausgesetzt, der kühle und dunkle Farbton wird akzeptiert. Auch unbeschnitten sehen die Pflanzen entzückend aus, wie kleine grüne Gnome. Frostschäden konnte ich an der Sorte nicht beobachten.

Ich fand zwei hübsche rundliche Einzelpflanzen in einer kleinen Staudengärtnerei in Berlin-Spandau und füllte damit eine Lücke in der ‘Suffruticosa’-Hecke. So kann ich seit Jahren

Buxus sempervirens **‘Blauer Heinz’ hat nach 10 Jahren eine Höhe von 45 cm erreicht.**

das Verhalten der beiden Sorten in der Hecke beobachten und vergleichen. Aber ideal ist natürlich die Verwendung derart unterschiedlicher Sorten in einer Beeteinfassung nicht. *B. s.* 'Blauer Heinz' gehört heute zum Standardsortiment und ist ohne Schwierigkeiten zu beschaffen.

'Faulkner'

Buxus microphylla

100

Laub: Diese Sorte hat verhältnismäßig kleine, perfekt eiförmige Blätter von frischer mittelgrüner Farbe, die 15–23 mm lang und 11–15 mm breit werden. Der Eindruck von Frische wird noch durch einen wunderschönen Glanz der Blattoberfläche verstärkt. Dieser Glanz ist so stark, dass aus der Ferne der Eindruck entsteht, der Strauch trage weiße Blüten. Die Blätter sind nicht so ledrig wie typische Buchsbaumblätter, sondern fast etwas fleischig. Der Neuaustrieb wächst zum Teil aus den Blattachseln, wodurch die Zweige üppig belaubt sind.
Wuchs: Die natürliche Wuchsform ist doppelt so breit wie hoch. *B. s.* 'Faulkner' baut sich aus elastischen, locker hängenden Zweigen auf. Durch den Schnitt erreicht man eine dichte Belaubung. Gelegentlich wurde im Winter ein Verblassen der Blattfarbe beobachtet.
Verwendung: Diese Sorte von großer Leuchtkraft und Schönheit des Blattwerks kann eine unübertreffliche Hecke bilden, die – geschnit-

Buxus microphylla 'Faulkner' verfärbt sich im Winter etwas.

Mein Rat

In englischen Gartenanlagen wird *B. s.* 'Faulkner' mehr und mehr anstelle von *B. s.* 'Suffruticosa' als Einfassungsbuchs verwendet. 'Faulkner' wächst zwar nicht ganz so dicht wie 'Suffruticosa', aber er verkahlt innen nicht, was einen großen Vorteil darstellt.

ten – etwa 1 m Höhe erreicht. Auch für Formgehölze ist diese Sorte geeignet. Sie ist robust und lässt sich mit ihrem leuchtend grünen Farbton auch hervorragend als niedrige Hecke und als Bodendecker verwenden.

‘Green Gem’

sempervirens × microphylla

70

Laub: Alle Ehre macht diese Sorte ihrem Namen, denn die wohl geformten Blätter sind matt smaragdgrün. Neuaustrieb und Unterseite der Blätter sind einen Farbton heller und verleihen dem Laub einen lebendigen Akzent. Die Blätter sind etwas schmaler als bei *B. s.* var. *arborescens* (siehe Seite 36 f.) und an den Spitze gerundet. Sie sind etwa 20 mm lang und 8 mm breit.

Wuchs: ‘Green Gem’ ist eine langsam wachsende Sorte; die kleinen, dichtbuschigen Sträucher erreichen nach zehn Jahren nur eine Höhe von 30 cm und eine Breite von 40 cm. Der Neuaustrieb strebt auch bei unbeschnittenen Büschen nach allen Seiten, wie die Stacheln eines Igels. Aber ‘Green Gem’ hat nichts Borstiges an sich, im Gegenteil, Laub und Zweige sind weich und biegsam. Nur die untersten und innersten Triebe verholzen mit der Zeit.

Verwendung: Wunderbar eignet sich diese Sorte für den Formschnitt sowohl als niedrige Hecke (mit wenig Schnittaufwand) wie auch als kleine Kugel, Pyramide usw. Obwohl der

Smaragdgrünes Blattwerk hat die langsam wachsende Sorte ‘Green Gem’.

natürliche Wuchs dieser pilzresistenten Sorte locker und nicht so dicht ist wie etwa bei ‘Suffruticosa’, entsteht durch den Schnitt ein dichtes Blätterkleid. In den USA wird übrigens als Einfassungsbuchs überwiegend diese Sorte verwendet.

‘Herrenhausen’ Polsterbuchsbaum

Buxus microphylla

45

Laub: Die Blättchen von *B.m.* ‘Herrenhausen’ sind ca. 17 mm lang, 6 mm breit. Es gibt keine andere Sorte, die derart weiche Zweige und Blätter besitzt wie ‘Herrenhausen’. Die Blattfarbe ist ein helles Gelbgrün mit leichtem Glanz. Typisch sind Verfärbungen der Blätter in hellen Ockertönen.

Wuchs: Die Sorte bildet kreisrunde, nestförmige, niedrige Polster mit einem Durchmesser von 50 cm und mehr und einer Höhe von 40 cm. Obwohl die Zweige so weich sind, haben sie Stand und füllen das Buchspolster dicht mit dem feinen Blattwerk. Von weitem sehen die Büsche aus wie grüne Torten.
Verwendung: Wer Pflanzen dieser Sorte ergattern kann und daraus eine Beeteinfassung zusammenstellt, der ist praktisch vom Formschnitt befreit. Lediglich ein Erziehungsschnitt an den Seiten ist erforderlich. Wunderschön wird 'Herrenhausen' auch als Bodendecker in Vordergrund einer Staudenrabatte aussehen, als Einzelexemplar im Steingarten oder beispielsweise als hellgrüne Polsterfüllung eines formalen Beetes.

Buxus microphylla 'Herrenhausen'; diese kreisrunde Polsterpflanze ist im Alter von 10 Jahren nur 40 cm hoch, aber 50 cm im Durchmesser.

'Morris Midget'

Buxus microphylla

20

Laub: Das Blattwerk dieser noch eher selten anzutreffenden Sorte ist mattgrün. In höherem Pflanzenalter dunkelt der Farbton nach. Der junge Austrieb ist etwas bereift, auch in den Wintermonaten verändert sich die Blattfarbe nicht. Die kleinen Blätter mit einer Länge von 11 mm und einer Breite von 10 mm sind fast rund und flach sowie an der Spitze eingekerbt.
Wuchs: Flachrund wie die Form der Blätter ist auch der Wuchs von 'Morris Midget'. Enger Blattabstand und dichte Verzweigung bringen einen sehr kompakten Wuchs hervor. Allerdings wächst die Sorte sehr langsam, pro Wachstumsperiode nur 3 cm. Im Alter von fünf Jahren sind die Pflanzen knapp 15 cm hoch und 20 cm breit.
Verwendung: *B. m.* 'Morris Midget' ist einer von zahlreichen Sämlingen von *B. microphylla* var. *japonica*. Andere Sämlinge sind 'Morris Dwarf' und 'Green Pillow'. Wie diese ist auch 'Morris Midget' eine extrem langsam wachsende Sorte, die ihre geschlossene und buschige Form ohne jeden Schnitt behält. Das ist um so erstaunlicher, als die Mutterpflanze, von welcher 'Morris Midget' abstammt, keineswegs geschlossen wächst, sondern locker und formlos.
Die bezaubernden Pflanzenhügelchen des schönen Sämlings eignen sich hervorragend als Bodendecker und zur Anordnung in Grup-

pen. Wie alle *Microphylla*-Sorten bedarf 'Morris Midget' der Aufmerksamkeit und Pflege. Eine regelmäßige Düngung mit Hornspänen fördert das Wachstum. Diese gute Sorte ist etwas für geduldige Liebhaber-Gärtner und für Fans von »Lazy-Gardening«, denn sie wächst vollkommen ohne jede Schnittmaßnahme. Angesichts des langsamen Wachstums wäre eine solche auch widersinnig.

B. m. 'Morris Midget' als Bodendecker

'Suffruticosa'

Buxus sempervirens

90

Diese Sorte unbekannter Herkunft gilt als der Einfassungsbuchs schlechthin und ist als solche in Fachgeschäften problemlos erhältlich; sie wird seit hunderten von Jahren kultiviert. *Buxus s.* 'Suffruticosa' entspricht der Sorte *B. s.* 'Humilis', in England heißt er »Edging box«.
Laub: Wunderschön sieht der junge, etwas bereifte Austrieb aus mit seinen hell- bis gelbgrünen Blättern. Diese werden im Laufe des Jahres etwas dunkler, bleiben aber immer frisch-grün wie ganz junge Äpfel. Dieser Farbton bringt alle Blütenfarben im Garten zum Leuchten. Im Winter färben sich manche Blattspitzen bräunlich. Die Blätter von *B. s.* 'Suffruticosa' sind 15 mm lang und 10 mm breit und eiförmig. An der Spitze sind sie gerundet, wodurch man sie gut von der ebenfalls sehr häufigen Form *B. s.* var. *arborescens* unterscheiden kann, dessen Blätter in einer Spitze enden (siehe Seite 36 f.).
Die Sorte eignet sich gut als Einfassungsbuchs, weil sie sehr langsam wächst und weil die Blätter sehr eng und kreuzgegenständig an den Stielen sitzen. In Weihenstephan erhielt sie die Bewertung »empfehlenswert«.
Wuchs: Im Sichtungsgarten in Weihenstephan erreichte 'Suffruticosa' in sechzehn Jahren nur eine Höhe von 50–60 cm und eine Breite von 30–40 cm – wohlgemerkt ungeschnitten. In ihrem Pflanzenleben erreicht die Sorte kaum eine Höhe von 1 m; sie wächst

Buxus sempervirens 'Suffruticosa' erreicht unbeschnitten eine Höhe von 30 cm. Gut erkennbar ist der typische feine rötliche Blattrand.

buschig und gedrungen und ist auch ohne Schnitt unglaublich dicht belaubt. Unbeschnittener *B. s.* 'Suffruticosa' ist absolut frosthart und verkahlt im Inneren der Sträucher nur wenig.

Verwendung: *B. s.* 'Suffruticosa' war der Favorit der elisabethanischen Knotengärten und anderer historischer Buchsgärten. Er ist als Einfassungspflanze ebenso geeignet wie für grüne Skulpturen. Selbst wenn man eine Hecke aus *B. s.* 'Suffruticosa' nicht mehr schneidet, würde sie nicht höher werden als höchstens 1 m. Aufgrund des dichten Wachstums sind Formgehölze und Hecken aus 'Suffruticosa' leider anfällig für Pilzerkrankungen, besonders für *Cylindrocladium busicola*.

Mein Rat

Trotz der guten Eigenschaften muss man auf eine Suffruticosa-Hecke sehr aufpassen, damit sie auch dicht und grün bleibt. Leider neigt nämlich die Sorte in **geschnittener** Form dazu, von unten her und von innen heraus zu verkahlen. Auch erfrieren Neuaustriebe, die zu spät im Jahr erscheinen, und stehen dann als strohfarbene »Leichen« in der Hecke; man kann sie auch im Winter noch ausputzen. Die Regeln für den Formschnitt müssen daher bei *B. s.* 'Suffruticosa' besonders gut beachtet werden (siehe Seite 93 ff.).

Sorten für mittelhohe und hohe Hecken

'Aureo Marginata'

Buxus sempervirens

400

Laub: Diese Buchssorte ist eine gelb geränderte Varietät von *B. s.* var. *arborescens* (siehe unten). Der Name bedeutet golden gerandet. Die moosgrünen Blätter leuchten mit ihrer goldgelben Umrandung sonnig.
Wuchs: Die Wuchsform ist im Gegensatz zu 'Angustifolia' groß, aufrecht und strauchartig, im Alter baumartig mit armdicken Stämmen und überhängenden, weichen Zweigen.
Verwendung: *B. s.* 'Aureo Marginata' passt als sonniger Farbfleck ausgezeichnet an den Gehölzrand. So bildet etwa unterhalb der Mühle im Park von Sanssouci ein Wäldchen aus 4 m hohen *B. s.* 'Aureo Marginata' und Ilex den leuchtenden, immergrünen Hintergrund für eine Rasenpartie.

Gold geränderter *Buxus sempervirens* 'Aureo Marginata' bildet schon früh feste Stämmchen.

Mein Rat

B. s. var. *arborescens* ist absolut winterhart. Es ist aber riskant, eine Container-Pflanze im Spätherbst ins Freie zu pflanzen, weil dann keine Tiefwurzeln mehr ins Erdreich hinein gebildet werden, sodass die Gefahr des Austrocknens besonders groß wäre.

var. *arborescens* (Syn.: *B. s.* 'Arborescens')

Buxus sempervirens

400

Diese Buchsbaumform ist die am häufigsten in Baumschulen angebotene und folglich auch die am häufigsten in Gärten anzutreffende. Der Name *arborescens* bedeutet baumwüchsig – diese Sorte wächst im hohen Alter bis zu einer Höhe von 8 m und einer Breite von 3 m heran und bildet dann mehrstämmige Kleinbäume.

Laub: Die Blattfarbe bei *B. s.* var. *arborescens* ist ein sattes Tiefgrün, manchmal sind die Blattspitzen hellgrün oder gelb; diese Varietät der var. *arborescens* wird als 'Golden Tip' bezeichnet. Die Blattform ist elliptisch und variiert erheblich. Die Blätter sind doppelt so lang (15–30 mm lang) wie breit, an den Triebspitzen symmetrisch und an den Zweigen relativ dicht angeordnet.

Wuchs: Frei wachsend entwickelt sich *B. s.* var. *arborescens* zunächst zu einem mehrtriebigen, locker aufgebauten Strauch. In späteren Jahren wachsen baumartige Exemplare

Doppelt so lang wie breit ist das Blatt von *Buxus sempervirens* var. *arborescens*.

heran, mit recht ansehnlichen Stämmen von der Dicke eines Männerarms. Trotz der starken Verholzung sprießt von unten her immer wieder Blattwerk hervor. Die Sorte ist weitgehend pilzresistent.

Verwendung: *B. s.* var. *arborescens* verträgt den Schnitt sehr gut und wird daher häufig als Formgehölz angeboten. Allerdings ist es nicht ganz einfach, die stark verholzenden Pflanzen in Schuss zu halten.

B. s. var. *arborescens* eignet sich zur Anlage hoher Schnitthecken, als Sichtschutz in Form frei wachsender Sträucher und als Bestandteil (immergrüner) Gehölzgruppen. Auch in Einzelstellung findet man ihn, z. B. am Zaun eines Gartens mit rustikaler Wirkung. Diese Sorte ist ein Allrounder und muss vorerst für fast jeden Zweck herhalten. Sie könnte uns deshalb eines Tages langweilig werden. Ärgerlich ist es, wenn die Sorte als Einfassungspflanze angeboten wird, was gar nicht selten geschieht. Nach wenigen Jahren ist eine solche Beeteinfassung nicht mehr im Zaum zu halten.

'Handsworthiensis'

Buxus sempervirens

400

Laub: Die Blattfarbe von 'Handsworthiensis' ist dunkeloliv, die Blattunterseite ist dunkelgrün gerandet und innen weißgrau, zum Teil rötlich getönt. Kontrastreich heben sich von dem olivgrünen Blattwerk der blaugrüne, be-

Buxus sempervirens 'Handsworthiensis' ist gut erkennbar an den kerzengerade herausragenden Zweigen und Blattquirlen sowie an den ockerfarbenen Trieben.

reifte Neuaustrieb und einzelne rötlich verholzte Zweige ab. Die jungen Fruchtkapseln sind blau bereift.
B. s. 'Handsworthiensis' ist eine auffallend großblättrige Sorte, wie *B. s.* 'Rotundifolia' (siehe Seite 50 f.) und 'Bullata' (Seite 43). 25 mm lang und bis zu 15 mm breit sind die ledrig-festen, oft verformten oder blasig aufgetriebenen Blätter, die am Rand deutlich nach unten gebogen sind.

Wuchs: Die Sorte bildet breitbuschige, aufrechte Sträucher mit starken, aufstrebenden Grundtrieben.
Die Blätter stehen kreuzgegenständig, also wie ein Quirl an den Zweigenden, und manche Zweige ragen kerzengerade oben aus dem Strauch heraus. Dadurch erhält er (ungeschnittene) ein unregelmäßiges Aussehen. Im Sichtungsgarten Weihenstephan wurde die Sorte nach fünf Jahren Beobachtung mit »empfehlenswert« beurteilt, weil sie auch einen harten Winter in voller Sonne schadlos überstanden hatte. Allerdings verfärben sich im Winter jüngere Zweige gelb bis braun.
Verwendung: 'Handsworthiensis' wächst mehrtriebig steif nach oben, ist ein kerzengerader, aufrechter Strauch und daher auch für eine hohe Hecke geeignet. Eine Hecke aus dieser Sorte ist schon fast wie eine Mauer, so stark und straff sind die Äste und Zweige. Im Alter lädt die Sorte aus und wird – ungeschnitten – ebenso breit wie hoch. In Einzelstellung erreicht der Strauch gewaltige Ausmaße; er kann bis zu 5 m hoch und ebenso breit werden.

'Hollandia'

Buxus sempervirens

300

Laub: Diese Sorte stellt eine edle *arborescens*-Auslese dar und hat die typischen, doppelt so langen wie breiten Buchsbaumblätter (27 × 12 mm) in dunkelgrüner Färbung, manchmal mit goldenen Spitzen. Kontrastreich wirkt der blaugrüne bereifte Neuaustrieb zu dem dunkelgrünen Strauch.

Wuchs: Der Wuchs von 'Hollandia' ist mehrtriebig aufrecht und gut verzweigt, aber locker. Der Strauch belaubt sich – auch ohne Schnitt – bis unten hin. In vier Jahren wuchs die Sorte rund 45 cm hoch. Im Sichtungsgarten von Weihenstephan überstand *B. s.* 'Hollandia' schadlos harte Winter in ungeschützter Lage und einen Stand in voller Sonne.

Verwendung: *B. s.* 'Hollandia' ist gut für eine hohe Hecke geeignet; er wächst zwar langsamer als ein normaler *B. s.* var. *arborescens*, dafür ist er aber leichter in Form zu halten, weil seine natürliche Gestalt der Heckenform entspricht. Auch in Einzelstellung ist der schön gewachsene Strauch eine Augenweide.

'Pyramidalis'

Buxus sempervirens

400

Laub: Die Blätter dieser Sorte haben die rundliche Form von *B. m.* var. *japonica* (siehe Seite 46), sind aber wesentlich weicher. Von der eingekerbten Mittelrippe aus sind die Blätter

Buxus sempervirens 'Hollandia', ein eleganter Strauch mit kontrastreichem, blaugrünem Neuaustrieb.

Buxus sempervirens 'Pyramidalis', frei wachsend mit schöner natürlicher Pyramidenform, ein Korrekturschnitt fördert die Verzweigung.

zum Rand hin gerippt. Die Farbe ist ein frisches Grün. Die Sorte gilt als farbecht, doch sind einzelne Verfärbungen an den Zweigspitzen nicht selten. Der junge Austrieb an den Zweigspitzen bildet hübsche Rosetten.
Wuchs: Die Sorte wächst relativ rasch zu steif aufrechten kegelförmigen Sträuchern heran. Ein besonderes Merkmal sind die rundherum sehr dicht belaubten Zweige.
Verwendung: *B. s.* 'Pyramidalis' ist wie geschaffen für hohe und mittelhohe Hecken.

Der großlaubige *B. m.* 'Schopes' als Steckling.

'Schopes'

Buxus macrophyllus

400

Laub: Frischgrün glänzend mit gelblicher Mittelrippe sind die großen Blätter dieser Sorte, eirund geformt mit einer Einkerbung an der Spitze, 30 mm lang und 15 mm breit. Sie haben die typische Textur von Blättern des *B. microphylla*, aus dem diese Sorte auch durch Mutation entstanden ist. Im Winter färben sich die Blätter rotbraun.
Wuchs: 'Schopes' gehört zu den stark wachsenden Buchsbaum-Schönheiten. Nach einem langsamen Start in den ersten drei Jahren wachsen die Sträucher in lockerem Aufbau bis zu 4 m heran.
Verwendung: Fast alle stark und hoch wachsenden *Buxus*-Sorten sind eher dunkelgrün gefärbt und ergeben daher auch recht dunkle Hecken. Der Vorteil von 'Schopes' liegt auf der Hand; mit ihm lässt sich eine leuchtend grüne, hohe oder mittelhohe Hecke mit klarer frischer Ausstrahlung gestalten. Auch als üppig verzweigter Solitär ist 'Schopes' sehr attraktiv. Die Sorte ist frosthart und unempfindlich gegen Industrieabgase.
B. macrophyllus 'Schopes' entstand in der Baumschule Atrops 1995 durch Mutation aus *B. m.* var. *koreana*. Er hat jedoch nichts mit dem auf Jamaika entdeckten *Buxus macrophylla* zu tun.
Der Name 'Schopes' deutet auf den Entstehungsort Schaephuysen in mundartlicher Aussprache hin.

Sorten für die Einzelstellung

'Angustifolia'

Buxus sempervirens

250

Laub: An den leicht überhängenden Zweigen sitzen eng anliegend die langen, schmalen, lanzettlichen Blätter in einem glänzenden Olivton. Mit 3 cm Länge und nur 1 cm Breite sowie einer vollständig ebenen Oberfläche sind sie z. B. mit einem 'Rotundifolia'-Blatt (siehe Seite 50 f.) auch für den absoluten Buchsbaumneuling nicht zu verwechseln. Ein Blatt ist hier so regelmäßig geformt und gefärbt wie das nächste. Die Blattstellung ist deutlich zweizeilig, fast symmetrisch. Die jungen Blätter sind etwas bereift, im Winter verfärben sie sich an der Oberseite dunkel blaugrün.

Wuchs: Zu den vorgestellten großblättrigen und straff aufrecht wachsenden *Buxus*-Sorten bildet *B. s.* 'Angustifolia' einen großen Gegensatz. An dieser Sorte sind die Zweige weich und biegsam. Wie hunderte kleiner Palmwedel umschmeicheln sie den breit ausladenden Strauch von oben bis unten und werden vom leisesten Windhauch bewegt. Die Form von *B. s.*-'Angustifolia'-Sträuchern ist kugelig bis breit kegelförmig; Höhe und Breite betragen nach 15 Jahren etwa 2,5 m.

Ähnliche Arten/Sorten: Die Sorte ***B. s.* 'Salicifolia'** (= weidenblattähnlich) unterscheidet sich von 'Angustifolia' durch die Wuchsform. Diese ist nämlich höher als breit, fast tonnenförmig. Die Sträucher erreichen im Alter eine Höhe von 1,8 m und werden etwa 1,2 m breit. Der Neuaustrieb erfolgt hier nicht in Form einer Verlängerung der Zweige (wie bei 'Angustifolia'), sondern durch kleine Zweigbüschel, die ebenfalls den Strauch umgeben. Im Sichtungsgarten von Weihenstephan

Buxus sempervirens 'Angustifolia', breitwüchsig mit »wippenden« Zweigen, sollte unbeschnitten bleiben!

wurde 'Angustifolia' mit »ausgezeichnet« bewertet, weil sie in Sonne wie im Schatten gleichmäßig aufgebaut ist und auch in harten Wintern keinen Schaden genommen hat. Im Halbschatten treten auch im Winter keine Verfärbungen auf.

Verwendung: Dieser schmalblättrige (= 'Angustifolia') Buchsbaum sollte unbedingt unbeschnitten bleiben.

'Brouwers's Seedling': perfekte Form ohne jeden Schnitt.

'Brouwer's Seedling'

Buxus sempervirens

70

Laub: Die auffallend intensiv grünen, schmal elliptischen Blätter sind deutlich zugespitzt, flach und sehr klein, 15 mm lang und nur 4 mm breit. Sie stehen aufrecht kreuzgegenständig und dicht. Die Winterfarbe von 'Brouwer's Seedling' ist so intensiv, dass man versucht ist, zu sagen: ein glühendes Grün!

Wuchs: Die stark verzweigten Triebe bilden eine natürliche, vollkommen geschlossene breite und kompakte Kuppelform – ohne jeden Schnitt. Im Alter von zehn Jahren erreicht der Strauch eine Höhe von 70 cm und eine Breite von 60 cm. Er sieht immer aus wie frisch geschnitten.

Verwendung: Tausende winziger aufrechter Blättchen in einem auffallenden und unverwechselbaren Grünton schmücken diese Liebhabersorte, die sich hervorragend zur Einzelstellung eignet. Denkbar ist auch die Verwendung dieser kostbaren Sorte für eine unbeschnittene mittelhohe Hecke. *B. s.* 'Brouwer's seedling' ist sehr winterhart und behält auch im Winter seine leuchtende Farbe. Leider ist 'Morris Midget' wegen seines kompakten Wuchses anfällig für Pilzerkrankungen.

In England ist die Sorte unter dem Namen *B. s.* 'Justin Brouwers' bekannt. Anfänglich wurde die Sorte unter dem Namen 'Cat's grave seedling' geführt, weil ein Landschaftsmaler aus Williamsburg sie auf das Grab seiner Lieblingskatze gepflanzt hatte.

Die blasig aufgetriebenen Blätter von 'Bullata' in ½ der natürlichen Größe.

'Bullata' (Syn.: *B. s.* 'Macrophylla')

Buxus sempervirens

⬆ 250

Laub: Auffallend an 'Bullata' sind die großen, ledrigen Blätter. Sie sind 35 mm lang und 20 mm breit, rundlich eiförmig, an der Spitze leicht eingekerbt und am Rand löffelförmig nach unten gebogen. Oft sind die Blätter blasig aufgetrieben; daher stammt ihr Name, denn *bulla* heißt Blase. Die Blattstiele sind – unter der Lupe betrachtet – leicht behaart. Die Blattfarbe ist ein stumpfes Dunkelgrün, die obersten Blätter sind hell- bis gelbgrün, ebenso die Blattunterseite. Der frische Austrieb ist grasgrün und im Blatt zunächst deutlich kleiner. Im Winter verfärben sich einzelne Blätter in Gelb- und Bronzetönen.

Buxus sempervirens 'Bullata' als ungewöhnlicher Hausbaum.

Wuchs: Die Exemplare dieser Sorte sind wilde Gesellen. Keck ragen die bis obenhin verholzten Zweige empor, und zwar jeder für sich. Dadurch ist der Strauch insgesamt locker aufgebaut und lässt den Hintergrund durchschimmern. Aber weich wirkt der Strauch nicht, obwohl die unteren Zweige dschungelartig überhängen. 'Bullata' wächst insgesamt aufrecht, hoch und breit und wirkt an den Spitzen etwas kahl.

Der abgebildete 'Bullata'-Strauch wurde vor rund 20 Jahren aus Dänemark eingeführt und wuchs seitdem zu einer Höhe von 2,5 m heran. Im Sichtungsgarten Weihenstephan wurde die Sorte als »entbehrlich« beurteilt, aber sie hat – wie die Abbildung zeigt – durchaus ihre Qualitäten, zumal 'Bullata' hart und ausdauernd ist und auch im rauen Klima keine Frostschäden zeigt.

Verwendung: *B. s.* 'Bullata' eignet sich gut in Gesellschaft anderer Immergrüner als Sicht-, Lärm- und Windschutz. Die Sorte nimmt sich gut aus am Gehölzrand in Parkanlagen und Waldgärten. Da *B. s.* 'Bullata' den Schnitt gut verträgt, kann er sogar als Kübelpflanze verwendet werden, zumal er auch im Wurzelbereich sehr frosthart ist.

Buxus sempervirens 'Elegantissima', die weiß gerandete Buchssorte, ist empfindlich gegen Frosttrockenheit.

'Elegantissima' (Syn.: 'Elegans')

Buxus sempervirens

70

Laub: Diese Sorte, die auch heute noch besonders in französischen Baumschulen kultiviert wird, hat weiß oder silbrig gerandete Blätter. Aus der Ferne wirken die Büsche eher schmutzig grün, man muss diese Farbkombination mögen. Die Blattform ist ein unregelmäßiges Oval (25 mm lang und 10 mm breit); die Blätter wirken gegenüber dem regelmäßig geformten Laub vieler Buchsbaumsorten etwas deformiert. 'Elegantissima' ist eine nicht blühende Sorte.

Wuchs: Die Sträucher wachsen aufrecht von unten herauf auf starken Stämmchen und haben feste Äste und Zweige. Aber sie wachsen langsam und sind empfindlich gegen Frosttrockenheit (Austrocknung durch Sonneneinstrahlung bei gleichzeitigem Frost).

Verwendung: *B. s.* 'Elegantissima' eignet sich zur Einzelstellung und als schöner Farbkontrast am Gehölzrand.

'Globosa'

Buxus sempervirens

400

Laub: Auch diese *Buxus*-Sorte ist schmalblättrig – wenn auch nicht so extrem in der Form wie 'Angustifolia' (siehe Seite 41) und verwandte Sorten. 'Globosa'-Blätter sind bis zu 22 mm lang und 9 mm breit und dunkelgrün mit heller Mittelrippe. Die Blattoberfläche ist glatt und fein glänzend. Der Neuaustrieb ist hell grasgrün und bereift. Im Winter verfärben sich einzelne Blätter wunderschön goldgelb oder schwarzgrün.

Wuchs: Aus dem feinen Blattwerk baut sich nach 30 Jahren sehr langsam ein gewaltiger, dichter Busch von 4 m Höhe und Breite auf. Der Strauch ist vollständig belaubt – auch im Inneren; die untersten Zweige liegen am Boden auf.

Die Wuchsform von 'Globosa' ist stumpf kegelförmig bis kugelig mit mehreren aufragenden Zweigspitzen. Der wunderschöne, gewaltige Strauch ist völlig frosthart und leidet kaum unter Schneedruck. Auch in voller Sonne entstehen keine Schäden. In Weihenstephan erhielt die Sorte daher das Prädikat »ausgezeichnet«.

Verwendung: Die prächtige Gestalt von 'Globosa' kommt in Einzelstellung am besten zur Geltung. Gut geschnitten eignet sich 'Globosa' als Bodendecker. Wegen des in der Jugend langsamen und dichten Wuchses eignet sich 'Globosa' gut zum Formschnitt für Figuren und Hecken.

***Buxus sempervirens* 'Globosa' bildet mit den Jahren gewaltige, bis zum Boden dicht belaubte Sträucher mit wohl geformtem schmalem Blattwerk.**

'Haller'

Buxus sempervirens

120

Laub: Das Laub dieser Sorte ist ähnlich exklusiv wie das von 'Vardar Valley'. Allerdings ist es leuchtend grün glänzend und ausgesprochen fleischig. Die Blätter sind elliptisch, an der Spitze gerundet und sehr groß (30 × 14 mm).

Wuchs: Der Strauch wächst stark und in die Breite. Die Zweige treiben auseinander, bilden aber dennoch einen dichten Busch. Die Zweigspitzen hängen weich über.

'Haller', mit exklusivem, glänzendem Laub und starken Trieben.

B. m. var. *japonica* mit hellgrünen, fast runden Blättern.

Verwendung: 'Haller' eignet sich zur Einzelstellung und in Kombination mit niedriger wachsenden, bodendeckenden Sorten wie z. B. 'Herrenhausen' (siehe Seite 32 f.).

var. *japonica*

Buxus microphylla

100

Laub: Die Blätter dieser in Japan weit verbreiteten Buchbaumart sind fast rund, flach und lederartig derb. An der Spitze sind sie deutlich eingekerbt. Die Länge der kurz gestielten Blättchen beträgt 15 mm, die Breite 12 mm. Die Blattfarbe ist ein frisches helles gelbliches Grün, die Mittelrippe ist gelb und das junge Laub etwas bereift.

Wuchs: Diese Buchsbaumart bringt keine besonders wohlgestalteten Büsche hervor, aber ihr bizarrer Wuchs kann am rechten Platz durchaus bezaubern.

Die Sträucher sind locker aufgebaut. Die silbergrauen vierkantigen Zweige wachsen flach und breit und etwas wild aus der Strauchmitte heraus. Im warmen Klima Kaliforniens wird diese Buchsbaumart 1,80 m hoch, bei und erreicht sie höchstens eine Höhe von 1 m.

Verwendung: Der japanische Buchsbaum eignet sich zur Einzelstellung an einem sonnigen warmen Platz; im Schatten wachsen die Sträucher mager und werden struppig. *B. m.* var. *japonica* ist nicht so winterhart wie var. *koreana*. Dafür ist sie wegen des lockeren Wuchses pilzresistent.

‘John Baldwin’

Buxus microphylla

100

Laub: Das matt olivgrüne Laub dieser Sorte schimmert im Winter graugrün, im frischen Austrieb ist es deutlich heller, fast gelbgrün. Die Blätter sind perfekt elliptisch geformt mit gerundeter Spitze. Vollkommen ebenmäßig wie kleine Perlen stehen sie an den zierlichen Zweigen. Mit einer Länge von 12 mm und einer Breite von 7 mm gehören sie zu den kleinsten Buchsbaumblättern.
Wuchs: ‘John Baldwin’ hat eine sehr typische stumpf kegelige Wuchsform, mehr hoch als breit, mehrtriebig und aufrecht. Das stark verzweigte, innen verholzte Astgerüst ist dicht belaubt. Der Strauch gehört zu den mittelhoch wachsenden Sorten; im Alter von fünf Jahren erreicht er eine Höhe von 90 cm und eine Breite von 40 cm.
Verwendung: ‘John Baldwin’ mit seinem perfekten Laub ist eine exquisite Sorte zur Einzelstellung. Ein Schnitt ist nicht erforderlich.

Wie Perlen sitzen die winzigen Blättchen von ‘John Baldwin’ an den Zweigen.

var. *koreana* (Syn.: *B. sinica* var. *insularis*)

Buxus microphylla

100

Laub: Die Blätter dieser kleinwüchsigen Sorte sind länglich lanzettförmig, am Rand stark nach unten gebogen (ca. 18 mm lang, 8 mm breit) und graugrün. Der Neuaustrieb ist gelbgrün bereift; das ergibt eine eigenartige Farbwirkung aus kühlen und warmen Farbtönen.
Wuchs: Die sehr dicht wachsende Sorte wird nur etwa 100 cm hoch. Das feste Ast- und Zweiggerüst ist dicht belaubt. *B. m.* var.

koreana ist eine der frosthärtesten Sorten überhaupt.
Verwendung: *B. m.* var. *koreana* sieht gut aus an kleinen Böschungen oder Treppenaufgängen. Die Sorte verholzt sehr stark und ist locker im Aufbau.

Buxus microphylla var. *koreana* ist robust und frosthart.

‘Latifolia Maculata’

Buxus sempervirens

400

Laub: Der junge Austrieb dieser Sorte ist auffallend goldfarbig, ähnlich wie bei *B. s.* ‘Aureovariegata’. Die breitovalen (daher »Latifolia«) Blätter vergrünen später zu einem Gelbgrün und werden zum Strauchinneren hin ganz grün. Insgesamt wirkt der Strauch gelbgrün-fleckig, worauf der Name »Maculata« hindeutet. Im Winter verfärben sich die Blät-

Buxus sempervirens ‘Latifolia Maculata’ als Jungpflanze mit leuchtend gelbem Neuaustrieb.

ter außen ins Olivgrüne. Die Sorte gehört zu den ausgesprochen großblättrigen Buchssträuchern – die jungen Blätter sind bis zu 35 mm lang und 24 mm breit!
Wuchs: 'Latifolia Maculata' wächst dicht und gedrungen zu einem breit kegelförmigen Strauch heran und erreicht in 20 Jahren eine Höhe von 2 m und eine Breite von mehr als 1,5 m. Durch den geschlossenen Wuchs ist 'Latifolia Maculata' gegen Schneedruck unempfindlich. Volle Sonne verträgt die Sorte nicht ganz so gut; besonders an den ganz jungen Blättern färben sich dann die Ränder manchmal braun. Im Sichtungsgarten von Weihenstephan wurde die Sorte mit »sehr empfehlenswert« beurteilt.
Verwendung: *B. s.* 'Latifolia Maculata' ist eine Sorte zur Einzelstellung im Garten, die mit ihrem Farbenspiel lebhafte Akzente im Garten schaffen kann. Sie braucht aber etwas Platz.

B. s. 'Marianne' eignet sich gut als Kübelpflanze.

'Marianne'

Buxus sempervirens

90

Laub: Tief dunkelgrün und matt mit deutlich hellerer Unterseite sind die Blätter dieser Sorte. Elliptisch geformt, mit gerundeter Spitze und leicht gebogen stehen sie dicht an dicht und zum Teil kreuzgegenständig an den Zweigen.
Wuchs: 'Marianne' wächst anfänglich so breit wie hoch, in späteren Jahren sogar breiter als hoch. Die stark verholzenden Triebe bilden ein stabiles Astgerüst. Je heller die Sorte steht, desto dichter verzweigt sie sich bis hin zu einer relativ geschlossenen halbkugeligen Form. In schattiger Lage bleibt der Wuchs lockerer und das charakteristische Astgerüst schimmert deutlicher durch. Im Alter von sechs Jahren erreicht die Sorte eine Höhe und Breite von 30 cm, nach 20 Jahren eine Höhe von 90 cm und eine Breite von 100 cm. Spätestens in diesem Alter zeigt sich eine weitere gute Eigenschaft, nämlich eine starke Blüte.

Verwendung: 'Marianne' gehört zu den mittelhohen und breitwüchsigen Sorten, die ganz ohne Schnitt ihre schöne Form behalten. Sie ist eine ausgesprochene Spezialität für *Buxus*-Liebhaber und eignet sich zur Einzelstellung. 'Marianne' gehört zu den Buchsbaumsorten, die sich auch problemlos im Kübel ziehen lassen. Frosthärte und unverändert schöne Färbung im Winter zeichnen sie aus. Andreas Huben, seit Jahren bekannt und anerkannt für sein großes Buchsbaumsortiment, selektierte diese wie auch weitere Sorten, beispielsweise 'Carl' und 'Ingrid', aus Sämlingspflanzen von Buchsbäumen aus dem Hermannshof.

Die winzigen herzförmigen Blättchen der Sorte 'Myosotidifolia.

'Myosotidifolia' (Syn.: *B. s.* 'Nana')

Buxus sempervirens

100

Laub: Die graugrünen, herzförmigen Blättchen sind nur halb so groß wie bei der Art (ca. 10 mm lang und 5 mm breit). Noch winziger ist der maiengrüne Neuaustrieb.
Wuchs: Diese Sorte ist die Zwergform von *Buxus sempervirens* (auch als *B. s.* 'Nana' im Handel). In zehn Jahren wächst der Strauch 30 cm in die Höhe, nach 30 Jahren knapp 1 m. *B. s.* 'Myosotidifolia' wächst straff aufrecht und vieltriebig, bildet jedoch keine geschlossene Form. Das Ast- und Zweiggerüst ist begrünt, aber gut erkennbar. Der Abstand zwischen den Blattpaaren ist weit.

Verwendung: Im Schatten wird die Sorte etwas struppig. Daher ist diesem seltenen und außergewöhnlichen *Buxus* ein sonniger Platz im Steingarten zu gönnen.

'Myrtifolia'

Buxus sempervirens

300

Laub: Das myrtengrüne Laub dieser Sempervirens-Sorte ist außerordentlich lang und

'Myrtifolia', eine attraktive Sorte mit leicht hängenden Zweigen und langen, schmalen Blättern.

schmal. Bis zu 18 mm lang sind älter Blätter, nur 4 mm breit und spitz zulaufend. Junger Austrieb zeigt dagegen Blätter so klein wie Myrtenblätter. Die Blattabstände sind recht groß, die Blätter liegen teils eng an den Trieben.

Wuchs: Weil die schlanken Triebe in jungen Sträuchern recht steif aus der Strauchmitte herauswachsen, wirken die noch jungen Exemplare dieser Sorte alles andere als buschig. Erst im Alter füllen sich die Sträucher zu gleichmäßigen geschlossenen Kegelformen mit deutlicher Spitze. Dann bilden hunderte feiner verholzter Triebe ein stabiles Zweiggerüst, das außen von einem dichten feinblättrigen Laubmantel umgeben ist. Weil 'Myrtifolia' innen verkahlt, ist die Sorte etwas anfällig für Schneebruch. Auch der Buchsbaumblattfloh ist etwas überdurchschnittlich auf dieser Sorte anzutreffen. Jedoch ist 'Myrtifolia' wie alle Sempervirens-Sorten frosthart.

Verwendung: Mit einer stattlichen Höhe von 3 m und einem noch größeren Umfang in der Breite eignen sich ausgewachsene Exemplare als Wind- und Sichtschutz. Bis es so weit ist, braucht man Geduld, denn die Sorte wächst langsam.

'Rotundifolia'

Buxus sempervirens

300

Laub: Rundlich und fast so groß wie ein Pfirsichstein (35 × 25 mm) sind die derben, ledrigen Blätter dieser Sorte, außerdem satt dunkelgrün sommers wie winters. Auch an der Unterseite sind sie gleichmäßig (hellgrün) gefärbt. Oft sind die Blätter gewölbt oder ungleichmäßig gerippt, ähnlich wie eine flache Schale.

Wuchs: Durch enge Blattabstände wirkt der Strauch dicht, die Zweige stehen aufrecht und sind – unter der Lupe betrachtet – deutlich behaart. Die Anordnung der Blätter an den Zweigen ist nicht so deutlich zweizeilig wie etwa bei *B. s.* var. *arborescens* (Seite 36 f.). *B. s.* 'Rotundifolia' ist eine hochstrauchig bis

'Rotundifolia': ein regelmäßiger Korrekturschnitt fördert den geschlossenen Pflanzenaufbau.

baumartig, stark wachsende Sorte, sie erreichte in 14 Jahren 2,5 m Höhe und 1,7 m Breite. 'Rotundifolia' wächst also genauso schnell wie *B. s.* 'Bullata' (siehe Seite 43), mit dem sie die derben Blätter und holzigen Zweige gemeinsam hat; als Strauch sieht er aber geschlossen aus.

Verwendung: Aus 'Rotundifolia' können sogar Formgehölze geschnitten werden, wobei der starke Wuchs, der relativ dichte Blattstand und die gleichmäßige Färbung der Sorte sich als Vorteile erweisen. Allerdings muss man darauf achten, dass die großen Blätter nicht verletzt werden. 'Rotundifolia' schneidet man wie Lorbeer, also nicht mit der Heckenschere, sondern mit der Gartenschere, und zwar nur an den Trieben, nicht an den Blättern.
In unbeschnittener Form eignet sich die Sorte zur Pflanzung als Sichtschutz und für den Gehölzrand.
In Weihenstephan erhielt die Sorte die Bewertung »ausgezeichnet«, weil sie in Sonne und Schatten keine Schäden davontrug und sich als frosthart und »farbecht« erwies.

'Vardar Valley'

Buxus sempervirens

60

'Vardar Valley' wurde in einem Gebirgstal dieses Namens in Jugoslawien entdeckt und 1935 in die USA eingeführt. Die Sorte ist robust und widerstandsfähig und soll frosthärter als *B. sempervirens* sein.
Laub: Die breiten Blätter (20 × 15 mm) sind rund-eiförmig und von seidig glänzender, glatter Oberfläche. Die Mittelrippe ist etwas heller, die Blattunterseite grasgrün. Der Neuaustrieb ist maiengrün und in Größe und Form schon ebenso perfekt wie die ausgereiften Blätter. Ich persönlich finde, dass Vardar Val-

ley die schönsten Blätter aller (mir bekannten) Buchsbaumsorten hat.

Wuchs: Diese Sorte bildet einen kreisförmigen kniehohen Strauch mit über 2 m Durchmesser. Wie bei einem Wagenrad die Speichen, so wachsen die Äste von der Mitte her nach außen und verzweigen sich zu einem dicht belaubten Boskett. In 15 Jahren erreichte ein Exemplar der Sorte eine Höhe von 60 cm und einen Durchmesser von 150 cm.

Verwendung: *B. s.* 'Vardar Valley' empfehle ich als Blickfang inmitten eines Rasens oder als grünes Zentrum einer Vorgartenanlage, aber auch zur Befestigung von Böschungen ist sie geeignet.

Auf einen Blick

- Die Sortenpalette ist groß, am besten informiert man sich in einem Schaugarten oder Baumschule.
- Wer Buchsbaum für einen bestimmten Verwendungszweck sucht, ist auf Pflanzen mit genauer Sortenbezeichung angewiesen.
- Besonders beim Pflanzenkauf für Buchsparterres sollte man keine »No-Name-Produkte« wählen, die lediglich unter dem Artnamen Buxus sempervirens angeboten werden.

Buxus sempervirens 'Vardar Valley' wächst als kreisrunder, niedriger Strauch mit perfekt schönem Laub.

Buchsbaum im Garten

Der Buchsbaum lässt sich vielfältig verwenden. Er bietet im Garten Sichtschutz, Windschutz und Lärmschutz. Man kann ihn nicht nur als niedrige oder hohe Hecke verwenden, sondern auch als immergrünen Bodendecker oder als elegante grüne Skulptur.

Vorzüge und Eigenschaften

Wegen seiner vielen guten Eigenschaften ist der Buchsbaum sehr vielfältig im Garten einsetzbar. Er eignet sich als Beeteinfassung, als Hecke, Skulptur, Solitär und als Unterpflanzung unter höhere Bäume. Nicht nur, dass er wirklich vollkommen schattenverträglich ist, was man nur von wenigen Sträuchern sagen kann, er hält auch dem Wurzeldruck anderer Gehölze stand. Je schattiger die Pflanze steht, desto lockerer ist allerdings ihr Aufbau. Genauso gut wie im tiefen Schatten gedeihen manche Buchssorten auch in der vollen Sonne. Buchs ist unglaublich regenerationsfähig und treibt auch bei mehrmaligem Schnitt im Jahr immer wieder willig aus. Kein anderes immergrünes Gehölz bleibt durch den Schnitt so dicht und bis zum Boden belaubt wie der Buchs, keine andere Einfassungspflanze ist so frosthart und das ganze Jahr über gleichmäßig attraktiv.

Diese Eigenschaften wurden am Buchs schon in der Renaissance geschätzt: »Disposé à volonté« sei der Buchsbaum, so hieß es, also formbar und willig.

Es hört sich prosaisch an, aber der Buchsbaum hat auch Eigenschaften, die der Moderne entgegenkommen: Er ist praktisch und »schmutzt« nicht. Verzichtet man auf den Formschnitt, so macht Buchsbaum keine Arbeit mehr, wenn er einmal gepflanzt ist. Da das Laub nicht abfällt, ist er ebenso pflegeleicht wie Koniferen, aber er passt trotzdem viel besser in den Garten als Zuckerhutfichte und Zwergwacholder.

Buchsbaum harmoniert auch mit Koniferen, wie dieser Hanggarten zeigt, der im Verlauf von 40 Jahren aus einer einzigen Buchsbaum-Mutterpflanze entstand.

Frei wachsende Sträucher

In den Bauerngärten Süddeutschlands, Österreichs und Oberitaliens wächst gewöhnlich am Zaun ein Buchsstrauch. Er wird ab und zu willkürlich beschnitten, wenn für Kirchenfeste seine grünen Zweige gebraucht werden, wenn für Familienfeste Girlanden, Kränze und Sträuße gebunden werden oder wenn man Stecklinge für eine Grabeinfassung benötigt. Dieser Busch am Zaun wehrt außerdem nach überkommenen Vorstellungen den »bösen Blick« ab oder die bösen Geister. Nach neueren esoterischen Begriffen harmonisiert besonders der spitzlaubige *Buxus sempervirens* var. *arborescens* die Erdstrahlung – wohl mit derselben wohltuenden Wirkung.

In früheren Zeiten gab der »Wächter am Zaun« auch die Zweige für den Fiebertee und andere Arzneien her. Beschnittene Gehölze sind für alle diese Zwecke nicht geeignet. Meistens dienen als Sträucher am Zaun *B. s.* var. *arborescens*-Pflanzen in der ganzen Bandbreite der Blattformen und -farben ihrer Sorte. Auch *B. s.* 'Rotundifolia' fand ich schon an einem Gartenzaun.

In manchen großen Gartenanlagen und Parks ist der frei wachsende Buchsbaum ein wichtiger Bestandteil der Waldlandschaften oder der Arboreten. Man findet ihn in den romantischen Gartenanlagen von Potsdam und im Havelland ebenso wie im Park von Sanssouci – alles Anlagen, die von Peter Josef Lenné im 19. Jahrhundert neu gestaltet wurden.

Golden schimmernder *B. s.* 'Aureo Marginata' und dunkelgrüner 'Arborescens' begleiten

Frei wachsender *Buxus sempervirens* var. *arborescens* als »Wächter« am Zaun eines Bauerngartens.

Wege, Treppenaufgänge und Gehölzränder. Sie stehen unter noch höheren Bäumen oder wachsen selbst baumartig in Gesellschaft anderer immergrüner Gehölze. Diese meist über hundert Jahre alten *Buxus*-Exemplare haben nichts Putziges an sich. Sie wachsen je nach Lichtverhältnissen hochstämmig mit armdicken Stämmen oder vieltriebig. Wo Licht ist, zeigt sich der typische dichte Blättermantel. Alte gestürzte Bäume grünen weiter. Diese Bäume und Sträucher erinnern in nichts an die kunstvoll gezähmten Formsträucher.

Frei wachsender Buchsbaum passt fraglos auch in die heutigen naturnah gestalteten Privatgärten als Sichtschutz und Bienenweide, als Bodendecker, als Unterpflanzung oder als Teil eines immergrünen Wäldchens.

Niedrige Hecken als Beeteinfassung

In meiner oberbayerischen Heimat werden die Beete im Gemüsegarten oft nicht eingefasst. Das ganze Stück Land wird Jahr für Jahr im Herbst umgegraben und mit Kuhmist tief gedüngt. Im Frühjahr teilt man die Beete ein – nach Augenmaß oder mit Schnüren. Zwischen den Beeten werden die Wege nur festgetreten. Diese einfache Anlage hält den ganzen Sommer und erlaubt es der Bäuerin, ihre Gartenarbeitszeit ganz auf die Pflege der Nutzpflanzen und Blumen zu konzentrieren. An der Hausecke stehen die Gartenschuhe bereit, denn die Wege sind erdig, bei feuchtem Wetter lehmig oder gar schlammig. Das ist ein Nachteil dieser Gartenanlage, ein weiterer ist die strenge Trennung zwischen einjährigen Gemüsepflanzen und mehrjährigen Stauden, zu denen ja auch die meisten Kräuter gehören. Einen Vorteil bei tiefgründigen und verdichteten Böden bietet das tiefe und breitflächige Umgraben, weil die Erdschollen im Winter durchfrieren und zerfallen.

Unbefestigte Beete in einem alten Bauerngarten; die Wege werden nur festgetreten.

Wer jedoch sauberen Fußes zu seinen Beeten gelangen will, muss die Wege pflastern, kiesen oder mit Rindenmulch befestigen. Befestigte Wege wiederum machen das Einfassen der Beete notwendig, damit die Erde auf den Beeten bleibt und nicht in den Wegen landet. Die einfachste und preiswerteste Form ist das Einfassen mit Brettern. Daneben gibt es alle Varianten, von gegossenen bis gemauerten Einfassungen, von solchen aus Holzpflöcken bis zu solchen aus alten Glasflaschen.
Allen diesen Werkstoffen – und mögen sie noch so edel sein wie beispielsweise Tuffstein – sind lebende Gehölzbänder an Schönheit überlegen. Im Winter zieren sie die kahlen Beete, im Sommer rahmen sie die farbige Pracht der Blumen, Kräuter und Gemüsepflanzen ein. Lebende Einfassungen geben dem Garten Halt und Struktur – auch optisch. Eine Beeteinfassung aus Holz oder Stein ist nützlich und stört im besten Falle nicht allzu sehr. Die grüne Rabatte jedoch ist nützlich und bezaubernd.
Aber selbst unter rein praktischen Gesichtspunkten sind lebende Einfassungen solchen aus »toten« Werkstoffen überlegen. Die niedrigen Hecken halten die Erde nicht nur fest, sie verhindern auch das Abschwemmen bei starken Regengüssen. Die Pflanzen festigen

mit ihren Wurzeln die Wegkanten. Niedrige Hecken stellen in den Beeten ein günstiges Kleinklima her. Schließlich bieten sie den Pflanzen im Beet Windschutz, was in extremen Lagen besonders wichtig ist. Aber: Pflanzenhecken bieten keinen Schutz vor Nacktschnecken, ganz im Gegenteil, sie bieten diesen unermüdlichen Rasplern noch ein gutes Tagesversteck.

Eine Beeteinfassung aus *Buxus sempervirens* 'Suffruticosa' hält den Humus fest und schafft ein günstiges Kleinklima.

Pflanzen für lebende Beeteinfassungen

Neben Buchsbaum werden auch andere kleinwüchsige Sträucher, Halbsträucher oder Stauden als Einfassungspflanzen verwendet bzw. empfohlen. Lavendel, Heiligenkraut *(Santolina)*, Thymian oder Oregano können traumhafte grau- und grünlaubige Einfassungen abgeben. Jedoch sind diese Pflanzen während des Winters sehr reduziert und erfrieren leicht. Auch ist es nicht einfach, sie so zu schneiden, dass sie eine halbwegs geschlossene Hecke bilden. Die typischen Einfassungspflanzen der italienischen Gartenrenaissance waren eben mittelmeerische Pflanzen in einem maritimen Klima. Kein Wunder, dass sie in englischen Gärten übernommen wurden und dort als Bodendecker und Beeteinfassung gedeihen. Im kontinentalen Klima gehört dagegen schon eine fortgeschrittene Gartenpraxis dazu, um solche Pflanzen mit Erfolg zum Einfassen von Beeten zu verwenden.

In Gartenbüchern findet man oft merkwürdige Ratschläge. Ich las jüngst – ich verrate nicht, wo –, Beeteinfassungen aus Schnittlauch und Petersilie seien einfach zu pflegen, man könne sie sich selbst überlassen. Abgesehen davon, dass der Schnittlauch das halbe Jahr über oberirdisch nicht zu sehen ist, weiß jede Gärtnerin, wie heikel Petersilie ist. Sie keimt schrecklich langsam. Dem christlichen Aberglauben zufolge wandert sie sieben Mal nach Rom zu ihrem Namenspatron, dem heiligen Peter, um zu fragen, ob das Keimen erlaubt sei. Im ersten Jahr ist die Pflanze noch zart und schütter, im zweiten Jahr blüht sie bereits und wächst aus.

Ich muss wohl nicht derart extreme Beispiele heranziehen, um zu verdeutlichen, wie vorteilhaft und problemlos in der Pflege der Buchsbaum als Beeteinfassung ist. Der einzige zu nennende Nachteil ist der Zeitaufwand für den Formschnitt.

Die Anlage von Beeten und Wegen

Eine Möglichkeit, Beete und umlaufende Wege anzulegen, besteht darin, das Grundmuster der Anlage mit Hilfe von Schnüren und Stöcken abzustecken und zum Beispiel mit trockenem Sand zu markieren. Rondell und Halb- sowie Viertelkreise werden mit einem einfachen Zirkel markiert: Ein Stock wird dazu in den Mittelpunkt des (gedachten) Kreises gesteckt und eine Schnur mit Schlaufe so daran festgebunden, dass sie sich frei rund um den Stock bewegen lässt. Ein zweiter Stock am anderen Ende der Schnur dient zum Einkerben der Kreis- oder Halbkreislinie in den Boden.

Auch für die Bildung von rechten Winkeln in der Gartenlandschaft gibt es ein uraltes einfaches Verfahren. Man wendet dafür die **keltische Druidenschnur** an. Diese Schnur wird durch Knoten oder eingebundene Teilchen in zwölf gleiche Abstände unterteilt. Die Länge der Abstände ist beliebig und richtet sich nach der Größe der geplanten Anlage. Legt man die Knotenschnur so, dass in einer Richtung drei, in der nächsten vier und in den diagonalen Verbindungslinie fünf Abstände liegen, so erhält man ein rechtwinkliges Dreieck, wobei der rechte Winkel zwischen der Dreier- und der Viererschnur liegt.

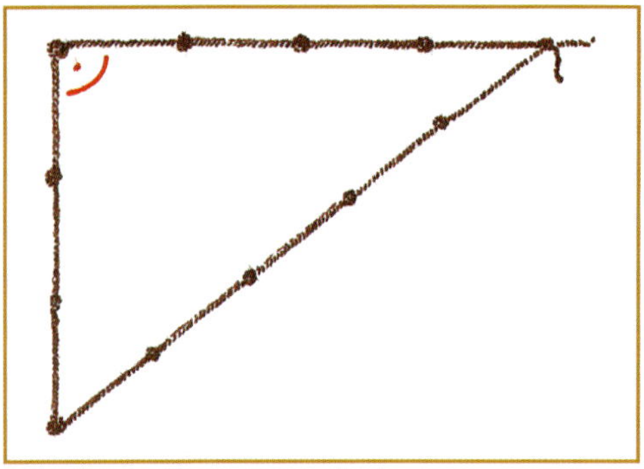

Druidenschnur: Eine Schnur, durch Knoten in 12 gleiche Abstände unterteilt und wie auf der Abbildung gelegt, ergibt zwischen der Seite mit 3 und der mit 4 Abschnitten genau einen rechten Winkel.

Entlang den kreisförmigen, rechtwinkligen oder auch schlangenförmigen Linien werden mit Sand oder anderen Materialien Markierungen gestreut. Auf diese Markierungen pflanzt man die Stecklinge. Nach dem Einpflanzen der Stecklinge entlang der markierten Linien werden die Wege einfach festgetreten und mit Kies bestreut. Die Kiesschicht, die man aufbringen kann, ist leider nicht sehr tief – vielleicht fünf Zentimeter. Aber so wie die Humusschicht in den Beeten mit den Jahren anwächst (und sie wird von der Buchsbaumhecke zuverlässig festgehalten), so kann auch immer wieder nachgekiest werden. Dennoch bleiben die Wege mit der dünnen Kiesschicht nicht frei von Wildkräutern, und immer wieder wird man ausgrasen müssen oder die Kinder und Enkel gegen Taschengeld für diese Aufgabe einspannen.

Wer Wert auf einen pflegeleichten Kiesweg legt, muss tief in die Tasche greifen und von Profis ein Grundgerüst aus Ziegeln mauern lassen. Dafür wird die gesamte Gartenfläche 25 Zentimeter tief ausgegraben. Die Eintragung des Grundmusters erfolgt ähnlich wie oben geschildert. Die Ränder der Beete bzw. Wege werden zunächst mit frostfesten Ziegeln aufgebaut. Erst danach werden Humus und Kies eingefüllt.

Die Kiesschicht auf den Wegen ist bei einer derart professionellen Anlage 25 Zentimeter tief, und wenn sehr sauberer Kies verwendet wird (ohne so genannte Nullanteile), bleiben die Wege praktisch unkrautfrei. Zusätzliche Verbesserungen erlaubt die Wahl des Kieses. Zum Beispiel sieht **Granitsplitt** mit seinen Grautönen sehr schön aus. Es gibt auch Granit-Edelsplitt, auf dem man angeblich sogar die Schritte einer Katze hören kann.

Eine gemauerte Anlage erleichtert die Pflege des Gartens und sieht perfekt aus. Sie stellt aber auch ein Monument dar, welches so leicht nicht mehr verändert werden kann. Eine Alternative zur Befestigung der Wege und Beete mit Mauern sind verzinkte Flacheisenbänder, deren Füße allerdings auch auf betonierte Punktfundamente gestellt werden müssen.

Aufteilung der Gartenfläche

Wird ein Garten am Haus neu angelegt, so kann man sich bei der Gestaltung an überlieferten Prinzipien orientieren. So ist zum Beispiel die klassische Klosteraufteilung des Gartens in Kreuzform mit Betonung der Mitte durch ein Rondell oder ein rautenförmiges Mittelbeet möglich. Eine Variation hierzu sind vier Gemüsebeete in Kreuzform, die außen von Blumenbeeten umfangen werden. Eine weitere Variation dazu ist eine Betonung der Mittelachse durch Blumenbeete, die den Mittelweg begleiten.

Neben der klassischen Kreuzform bietet sich eine Zweiteilung mit Mittelachse und umlaufenden Wegen an. Variationen in der Bepflan-

Eine klassische kreuzförmige Vorgartenanlage mit aufgemauerten Granitsteinen wird mit Einfassungsbuchs bepflanzt (unten).

Der Buchsgarten von S. 61 nach 10 Jahren.

zung sind durch die Gruppierung von Blumen (vor der Hauswand, an der Mittelachse, vor Hauswand und Gartengrenze) und Gemüse oder Kräutern denkbar.

Auch asymmetrische Anlagen können gute Wirkungen erzielen. So wirkt ein Buchsgarten mit einem abgewinkelten Weg zum Haus wie der Schatten des Hauses. Solche Wirkungen verankern das Haus in seiner Umgebung. Der Garten soll in gewisser Weise das Spiegelbild des Hauses sein und die Sprache von Holz und Stein in das lebendige Grün der Pflanzen übersetzen.

Hecken und Bäume bilden Kontrastpunkte zum Haus. Hausachsen können sich im Wegesystem des Gartens wiederholen, zumal wenn dieses durch eine markante Buchseinfassung hervorgehoben wird. Selbst Giebelformen können sich im Hausgarten spiegeln, wie beim Schweizer »Ründi«, einem Giebelbogen, der in einer halbkreisförmigen Buchsrabatte wiederholt wird: Hier »verneigt« sich der Garten vor dem Haus. Auch rechtwinkelige oder runde Inselbeete im Rasen können mit Buchshecken eingefasst werden.

Variationen des kreuzförmigen Gartens: ① Betonung des Zentrums durch eine Buchsskulptur, ② Betonung des Mittelweges durch Buchsbänder, ③ Betonung der Kreuzform durch Buchseinfassungen.

Ideale Höhe der Beeteinfassung bei einem Schattengärtchen.

Die richtige Höhe der Hecken

Von der Gesamtanlage des Gartens und von dessen Größe hängt die ideale Höhe der Pflanzenhecken ab. Sind die Hecken zu niedrig, so geht ihre strukturbildende Wirkung verloren, und sie geben keinen Windschutz. Sind die Hecken zu hoch, dann wirkt der Garten klein und gefängnisartig, und die Beete werden für viele Pflanzen zu schattig. Auch muss die Breite der Hecke in einem guten Verhältnis zur Höhe stehen. Es ist gar nicht so leicht, hierzu allgemeine Aussagen zu machen. In der Regel sind Einfassungen nicht höher als 30 und nicht niedriger als zehn Zentimeter. Nach meiner Erfahrung sollte man die Hecke so niedrig wie möglich halten – hoch wird sie mit der Zeit von allein, weil jedes Jahr trotz Formschnitt ein paar Höhenmillimeter dazukommen.

Weil die Hecken nicht nur in die Höhe, sondern auch in die Breite wachsen, ist es wichtig, dass die Wege breit genug angelegt werden. Mindestens einen halben Meter sollten für die Wege vorgesehen werden; die Heckenpflanzen werden den Bewegungsraum zum Teil erobern.

Die Kieswege zwischen meinen Buchsrabatten sind leider etwas zu eng geraten: Ich hatte angesichts der kleinen Stecklinge das Breitenwachstum der Hecken unterschätzt. Anstelle der Wege sind nur noch Pflegegänge vorhanden. Aber die schmalen grünen Gehölztunnels üben eine große Anziehungskraft aus. Kinder und Katzen lieben es, darin herumzulaufen. Die buchsumsäumten Wege sind eine »Einladung in den Garten«. In den so betitelten Versen des Barockdichters Karl Friedrich Kretschmann heißt es:

Kinder und Katzen laufen gerne auf den buchsgesäumten Wegen.

Natürlicherweise wächst eine Hecke von unten her schmal nach oben in die Breite. Mit der Zeit verkahlen die unteren Partien aus Lichtmangel.

Der Formschnitt kehrt die natürlichen Proportionen um, damit auch die unteren Heckenpartien Licht bekommen.

O wie schön ist alles hier!
Dorimene, komm zu mir
Wo die Schatten kühlen;
Wo die Fliederranken blühn,
Wo im düftenden Jasmin
Zephir spielen.

Buxus in geschornen Reihn
Schränkt die Hiazinthen ein
Neben den Narzißen,
Die, so spröd ihr Ahnherr war,
Ihre Nachbarn immerdar
Heimlich küssen.
(Gartenlob Seite 230/231)

Eine Buchshecke pflanzen

Bei der Anlage einer Hecke wird anstelle individueller Pflanzlöcher ein fortlaufender Pflanzgraben ausgehoben. Der Grund des Grabens wird aufgelockert und mit Komposterde verbessert. Um die Pflanzen in gerader Linie zu setzen, spannt man eine Schnur. Man benötigt für eine niedrige Hecke sechs bis acht Einfassungspflanzen pro Meter. Werden zwei Hecken beidseitig eines Weges gepflanzt, so ist es günstig, die Sträucher versetzt zu pflanzen. Zum Anfüllen kann man die Erde mit Kompost vermischen. Danach wird eine Gießrinne gezogen, die nach dem ersten Angießen wieder zugefüllt wird.

Buchsbaum als Begleitpflanze im Zier- und Nutzgarten

In Form von niedrigen Beeteinfassungen ist Buchsbaum eine appetitliche Begleitpflanze für viele Gemüsepflanzen. Kopfsalat und Kohlrabi sind ebenso gut in solchen Beeten aufgehoben wie alle Würz- und Heilkräuter. Für das zarte Grün des Fenchels gibt die Buchseinfassung einen ebenso kontrastreichen Rahmen ab wie für das hellgrüne Kraut von Möhren und Erbsen.

Für Rosenbeete ist Buchsbaum schon deshalb ein guter Begleiter, weil er jenes Grün spendet, welches die Rosensträucher im Spätsommer durch den Rosenrost oft schon verloren haben. Buchshecken geben einen schönen, übersichtlichen Rahmen für üppige Phloxbeete ab und fassen traditionellerweise einjährige Sommerblumenbeete ein.

Aber Buchs eignet sich auch in ungeschnittener Form als Begleitpflanze für Blumenbeete. Vor allem die dichtbuschig und niedrig wachsenden Sorten wie *Buxus sempervirens* 'Blauer Heinz' und 'Suffruticosa' oder *B. microphylla* 'Herrenhausen' ergeben entzückende, wohlgeformte und pflegeleichte Begleitpflanzen für Iris, Glockenblume, Montbretien, Bartblumen, Frauenmantel und anderes mehr. Polster von 'Herrenhausen' »peppen« jedes Tulpenbeet auf und unterstreichen das Frühlingsgrün von Narzissen und Kaiserkronen.

In Form geschnittene Buchskegel stützen dagegen optisch Schattenbeete mit Fingerhut und Herbstanemonen. Kegel und Kugeln aus *B. s.* var. *arborescens* bilden einen schönen Kontrast zu Mohnbeeten in ihrer wilden Üppigkeit.

Buchsskulpturen geben Blumenbeeten kühne vertikale Akzente.

Mit Buchs eingefasste Rosenbeete stellen eine ideale Kombination dar.

Hohe Hecken an der Gartengrenze

Hohe Hecken markieren die äußeren Grenzen des Gartens, bieten Sichtschutz nach drinnen und nach draußen und bilden einen Windschutz, der in extrem windigen Lagen im Garten überhaupt erst etwas wachsen lässt.
Hohe Hecken können aber auch innerhalb des Gartens als Raumteiler dienen oder – in großen, weiträumigen Anlagen – zu architektonischen **Heckentheatern** heranwachsen (Heckenwände mit raumbildender Form als Irrgarten oder Wände mit Durchblicken, Durchgängen, markanten Eckpunkten usw.). Solche raumgreifenden und raumgliedernden Heckenelemente sind nur selten aus Buchsbaum, sondern meist aus Hainbuche, Rotbuche, Weißdorn, Kornelkirsche. Das sind Gehölzarten, die schnell wachsen und »zu Lebzeiten« der Gärtner/innen den gewünschten Effekt erzeugen. Wer aber jung genug ist, um auf eine Buchsbaumhecke zu warten, und die Geduld hierfür aufbringt, der hat nach Ablauf von zwanzig Jahren eine wintergrüne Hecke, die an Schönheit und Dichtigkeit alle anderen Heckengehölze übertrifft. Kein Herbst- oder Frühjahrssturm pfeift durch das tausendfache Blattwerk, kein Blick durchdringt es sommers wie winters nach drinnen oder draußen.

Eine rundlich geschnittene, turmhohe Hecke aus 200 Jahre altem Buchsbaum im Schlosspark in Weinheim an der Bergstraße.

Buxus sempervirens var. *arborescens* und *B. s.* 'Handsworthiensis' werden nach fünfzehn bis zwanzig Jahren eine Höhe von zwei Metern erreichen. Voraussetzungen hierfür sind ein sachgerechter Schnitt und eine Langzeitdüngung. Durch einen ersten frühen Schnitt gleich nach den letzten Frösten wird ein starkes Wachstum stimuliert. Zwei weitere Schnitte während der Wachstumssaison schaffen eine dichte und geschlossene Basis für die Trapezform. In den ersten drei Jahren wird das Höhenwachstum stets zurückgenommen. Die Abweichung von der Vertikalen sollte bei einer Höhe von zwei Metern 35–70 cm auf jeder Seite betragen, damit ausreichend Licht auf die Heckenwände fällt. Ist die Hecke ausgewachsen, so reicht ein Formschnitt pro Jahr (siehe Seite 93 ff.).
Für die Pflanzung einer hohen Hecke wird – wie bei der Beeteinfassung – ein Pflanzgraben ausgehoben. Zum Auffüllen sollte hier Komposterde verwendet werden, die man wegen des hohen Nährstoffbedarfs der Hecke

Ein Heckentheater – hier aus aus Buche – im Schlosspark Schwetzingen.

mit einem Stickstoff-Langzeitdünger mischt (z. B. mit Hornspänen). Auch weiterhin muss die Hecke einmal im Jahr gedüngt werden, am besten im Frühjahr oder im Frühsommer mit flüssigem Mineraldünger und/oder mit verdünnter Jauche.

Man benötigt drei bis vier Einzelpflanzen je Meter Heckenlänge. Bei einer engeren Pflanzung neigen hohe Hecken zum »Versäulen«, d. h., die Stämme bleiben oder werden sichtbar, weil die Verzweigung der Äste nicht dicht genug wird.

Erziehungsschnitt für eine Hecke: ① Buchsbaum, im Frühling gepflanzt. Nach der Pflanzung alle Haupttriebe um ein Drittel kürzen. ② Im Frühling des nächsten Jahres alle neuen Triebe zurückschneiden. ③ Jeweils im frühen und späten Sommer der folgenden Jahre die Krone und Seiten schneiden, bis die Trapezform erreicht ist.

Labyrinth und Irrgarten

Die kulturgeschichtliche älteste und geheimnisvollste Figur für einen Buchsgarten ist das Labyrinth. Um gleich Missverständnissen vorzubeugen: Ein Irrgarten ist damit nicht gemeint. Der besonders zwischen dem 16. und 18. Jahrhundert beliebte Irrgarten aus hohen Heckengängen kann nur auf einem großen Areal angelegt werden. Verirren kann man sich ja nur, wenn man tatsächlich die Orientierung verliert, weil hohe Laubwände nach allen Richtungen den Blick versperren, was z. B. mit Hainbuchenhecken erreicht werden kann. Gerade diese Wirkung suchte man seinerzeit in Europa mit hunderten von Irrgärten hervorzurufen. Es war beliebt, sich scheinbar in Gefahr zu begeben, sich zu verstecken und sich (erotisch) zu verirren. Solche Spiele, die man heute nur noch Kindern zugesteht, wurden in früheren Generationen mit großem Vergnügen auch von den Erwachsenen gespielt.
Im großen Garten in Herrenhausen bei Hannover kann man sich noch heute in einen solchen Irrgarten hineinwagen. Er besteht aus 2,10 Meter hohen Buchenhecken und wurde 1936/37 nach einem alten Entwurf aus dem Jahre 1674 angelegt. Der Durchmesser dieses Irrgartens beträgt 23 Meter, die Länge der Wege insgesamt aber 500 Meter!

Ein Irrgarten aus Buchsbaum mit mehreren Eingängen und Irrwegen.

Ein dreigängiges Labyrinth entsteht aus einem Kreuz mit vier Punkten. Nach und nach werden alle Punkte mit je einem Kreuzende verbunden.

Wie der Irrgarten hat auch das Labyrinth auf kleiner Fläche unglaublich lange Wege. Aber im Labyrinth soll man sich nicht verirren, und das ist auch gar nicht möglich, denn es gibt darin nur einen Weg ins Zentrum und zurück. Dieser Weg durchläuft den gesamten Innenraum, pendelt mehrfach von rechts nach links und umgekehrt, bevor er in immer engeren Windungen ins Zentrum führt.
Aus den Sagen des klassischen Altertums ist uns der Weg in das Labyrinth und zurück bekannt als »Faden der Ariadne«, der dem Helden Theseus half, das Ungeheuer im Palast des Minos auf Kreta zu besiegen und zurückzufinden. Archäologische, ethnologische und kunsthistorische Forschungen haben gezeigt, dass das kretische Labyrinth auf der ganzen Welt verbreitet war – als Ur- und Sinnbild für menschliche Kulturgeschichte. Man fand Labyrinthe in Felsritzungen aus der Jungsteinzeit und auf altgriechischen Münzen, als Grundriss von Stonehenge, in christlichen Kirchen, als Höhlen, aus Stein errichtet, als Abbildung im indischen ebenso wie im indianischen Kulturkreis.

Die Grundform dieses Labyrinthes ist ein abgeplatteter Kreis, der ganz und gar mit den Wegschlingen ausgefüllt ist und nur einen Zu- und Ausgang sowie ein Zentrum hat.

Wie legt man ein Labyrinth an?

Als Vorbild für ein Buchsbaumlabyrinth können uns die Graslabyrinthe dienen, die es in England seit Menschengedenken gibt (»Turf Mazes«). Die Wege laufen dort auf einem 30 Zentimeter breiten Rasenband, die Trenngräben zwischen den Wegen sind 15 Zentimeter breit und mit Kies gefüllt oder nur ausgestochen. Je nach der Anzahl der Umgänge haben diese Graslabyrinthe einen Durchmesser von neun bis zu 33 Metern. Bei einem Durchmesser von 17 Metern ergibt sich ein 365 Meter langer Weg.
Bei einem Gartenlabyrinth bestehen die Trennwände zwischen den Wegen aus niedrigen Buchsbaumhecken, und die Wege sind mit Kies oder Rindenmulch bestreut.
Für die Berechnung des Platzbedarfes legen

wir die Breite sowie die Anzahl der Wege und Trennwände zugrunde. Bei 50 cm breiten Wegen und üppigen Hecken von 30 cm Breite braucht man für ein dreigängiges Labyrinth sechs Meter in einer und fünfeinhalb Meter in der anderen Richtung. Geht man von weniger breiten Wegen und schmaleren Hecken aus (30 cm/20 cm), dann lässt sich auf knapp sechzehn Quadratmetern ein grünes Labyrinth unterbringen, das zwar nicht ganz so bequem zu begehen, aber immer noch gut zu pflegen ist. Wichtig ist, dass die Wege noch breit genug sind, um sie auch als Pflegegänge benutzen zu können.

Die Konstruktion und Anlage des Buchslabyrinthes ist einfach und kann – ohne Vorzeichnung – vor Ort geschehen. Auf der vorbereiteten Bodenfläche wird in der Mitte ein Kreuz markiert, wobei der Verlauf der Hausachse berücksichtigt werden sollte. In die Ecken des Kreuzes werden Punkte eingetragen, und nach und nach werden die Punkte mit den Kreuzenden verbunden. Aus einem einfachen Kreuz entsteht ein dreigängiges, aus einem Doppelkreuz ein fünfgängiges Labyrinth usw. Die Linien auf dem Boden zieht man mit trockenem Sand und pflanzt dann die bewurzelten Stecklinge ein (sechs bis acht Pflanzen auf den Meter).

Ein kretisches Buxus-Labyrinth, angelegt von Rudolf Fabig, am Burgberg von Frontenhausen

Symbolcharakter des Labyrinthes

Es wird zwei bis drei Jahre dauern, bis die Hecken ganz geschlossen und dicht sind. Das faszinierende Bild des Labyrinthes ist aber von Anfang an vorhanden. Überlieferten Vorstellungen zufolge stellt es die sieben Stationen des Lebens dar; wenn wir es durchwandern, verlassen wir die Welt und ziehen unsere Bahnen in einer Pendelbewegung von links nach rechts und umgekehrt – wie die Planeten aus unserer irdischen Sicht. Im Zentrum angelangt, macht der Besucher des Labyrinths auf dem Absatz kehrt.

Was finden wir im geheimnisvollen Zentrum? »Either death or you I'll find immediately«, so heißt es bei Shakespeare. Den Tod oder die Liebe oder uns selbst. Auch wenn der Ariadnefaden auf demselben Weg aus dem Labyrinth herausführt, den man hineingegangen ist – niemand verlässt alten Weisheiten zufolge das Labyrinth als derselbe, als der er es betreten hat.

Der Knotengarten

Im Gegensatz zum Labyrinth, dessen Linien einen Eingang, ein Ziel und einen Ausgang markieren, besteht der Knotengarten aus einer Linie, ohne Anfang und Ende. Sie überlagert und unterlagert sich vielfach in zahlreichen Kreuzungen, ohne dass sie jemals unterbrochen wird; sie kreist gleichsam um sich selbst. Die einfachste Knotenform ist der **Salomonknoten** mit vier Kreuzungen. Dieser Knoten ist in einer Handschrift aus dem 8. Jahrhundert aufgezeichnet, die im Kloster Reichenau aufbewahrt wird. Das knifflige Spiel, eine endlos mit sich selbst kreuzende Linie zu entwerfen, reizte auch Albrecht Dürer, der einen Knoten mit sieben Geflechten entwarf.

Knotengärten sind eine Erfindung der elisabethanischen Zeit im England des 17. Jahrhunderts. Der Knoten kann nicht begangen werden, man könnte ihn höchstens behüpfen! Er wurde meist in Hausnähe als »Herz des Gartens« angelegt und bildete dort den »Schatten des Hauses«.

Wie das Labyrinth hat auch der Knoten Symbolcharakter; er versinnbildlicht die unauflösliche Liebe und wurde deshalb als Liebesknoten bezeichnet.

Der Knotengarten besteht typischerweise aus niedrigen Buchsbaumhecken, die so kunstvoll angepflanzt und geschnitten sind, dass der Betrachter den Eindruck eines endlosen, sich

Ein relativ einfacher Knoten besteht aus einem äußeren Quadrat, einem inneren Quadrat und vier Halbkreisen. Im Freiland werden die äußeren vier Eckpunkte mit Stöcken markiert (a) und durch Linien aus Sand oder Schnüren verbunden. Vom Mittelpunkt jeder Linie (b) aus werden die Halbkreise sowie das innere Quadrat mit Hilfe von Stöcken und Schnüren markiert. Die markierten Linien bepflanzt man mit Jungpflanzen in zweierlei Sorten, den Mittelpunkt kann man durch eine Halbkugel betonen. Der Eindruck der wellenförmigen Bewegung wird durch den Schnitt hervorgerufen.

Der Knotengarten in Barnsley House, den die berühmte englische Gärtnerin und Gartenautorin Rosemary Verey angelegt hat.

vielfach über- und unterlagernden Pflanzenbandes hat.

Rosemary Verey, eine berühmte englische Gartenautorin, beschreibt die Anlegung eines Knotengartens nach alten Vorbildern in ihrem Garten in Barnsley House. Die Anlage besteht aus zwei quadratischen Knoten, einem breiten umlaufenden Weg und einer äußeren rechteckigen Buchseinfassung mit Ilex-Hochstämmchen in den Eckpunkten. Jeder der beiden Knoten hat eine Größe von fünf Metern im Quadrat und besteht aus zweierlei Buchssorten, einer grünen *(Buxus sempervirens* 'Suffruticosa') und einer goldgerandeten *(B. s.* 'Aureo Marginata'). Durch die Zweifarbigkeit verstärkt sich der Eindruck der sich überlagernden Bänder, der durch den wellenförmigen Schnitt der Hecken hervorgerufen wird. Rosemary Verey hat die Anlage mit selbst gezogenen Stecklingen bepflanzt. Die Knoten stutzte man im Mai, wenn der Frühjahrsaustrieb abgeschlossen ist, also früher als bei uns im kontinentalen Klima. Nach dem zweiten Austrieb werden die Hecken nur noch etwas ausgeputzt, also allzu lange neue Triebe eingekürzt.

Die Anlage eines Knotengartens ist komplizierter als die eines Labyrinthes, weil der Knoten nicht vor Ort konstruiert werden kann. Ein Entwurf – zunächst auf Papier hergestellt oder kopiert – wird mit einem Raster überlegt. Dieses Raster steckt man dann in Originalgröße mit Schnur und Stöcken auf dem Boden ab. Mit trockenem Sand wird nun der Knoten in das Raster eingezeichnet, und auf die Sandspur pflanzt man die bewurzelten Stecklinge. Einen Knotengarten anzulegen und mit Erfolg zu pflegen gehört sicher zu den Höhepunkten der Buchsbaumgärtnerei. Aber im Gegensatz zu vertikalen grünen Skulpturen bedarf es nur wenige Jahre, um den Knoten in seiner ganzen Vollkommenheit erstrahlen zu lassen.

Große Bedeutung für die langfristige Erhaltung von Buchsbaum-Parterres aller Art hat der Belag auf den Pflegegängen, Wegen oder Zwischenräumen zwischen den Pflanzenhecken. Gesundheitsschädlich für den Buchs sind saure und feuchte Substrate wie Rindenmulch und Torfmull. Zu empfehlen sind kalkige Beläge, die rasch abtrocknen: Rollkies, Schotter, Bimskies usw. Sie bieten einen gewissen Schutz vor Pilzinfektionen.

Arabesken

Obwohl auch für Arabesken ein kulturgeschichtlicher Hintergrund erkennbar ist, etwa in den orientalischen Teppichen, die den Paradiesgarten darstellen, so haben diese rankenförmigen Verzierungen, die auch Broderien (Stickereien) genannt wurden, im französischen Barockgarten doch rein ornamentalen Charakter erlangt; Arabesken stellen in gewisser Weise die Fortentwicklung des Knotengartens dar.

Die Anlage eines ornamentalen Buchsgartens erfolgt – wie beim Knoten – mit Hilfe eines Entwurfs auf Papier, der gerastert wird. Das Raster wird auf den Boden übertragen, und die Ornamente werden mit Sand eingezeichnet. Auf die Linien aus Sand werden die bewurzelten Stecklinge gepflanzt.

Mein Rat

Auch bei Arabesken in Buchsbaum muss man darauf achten, dass die Pflegegänge ausreichend breit sind und dass die Heckenbänder trapezförmig geschnitten werden, was für alle Formen des niedrigen Buchsgartens gilt.

Gehölzbänder aus Buchsbaum in Form von Spiralen, Herzen o. Ä. findet man heutzutageauch in modernen formalen Gärten.

Formschnittgehölze als Solitäre

Was für das Gärtnern mit Buchsbaum ganz allgemein gilt, dass man nämlich nicht in Monaten, sondern in Jahren denken muss, das trifft insbesondere für die Gestaltung und Pflege von Buchsbaumskulpturen zu. Hier braucht es manchmal sogar Jahrzehnte, bis ein Entwurf in grüne Architektur umgesetzt wird. An den Buchsbaumsalons mancher großer europäischer Gärten haben Generationen von Gärtnern gearbeitet. Sechs bis zehn Jahre braucht es mindestens, um einen Formschnitt-Solitär oder einen strukturierten Formschnittgarten zu schaffen. Aber – diese Zeit vergeht ja nicht mit Warten, sondern mit Tätigsein, Beobachten, sich Freuen. Denn wie steinerne Skulpturen, so können auch lebendige Strauchfiguren einen Garten mit Sinnbildern, Zeichen und Geheimnissen bereichern. (Manche Figuren können einen Garten freilich auch ins Lächerliche ziehen.)

Eine Allee aus ehrwürdigen Buchskuppeln führt aus dem Garten auf Tintinhall House zu.

In England werden kunstvolle Figuren aus Eibe, Buchsbaum oder Liguster »topiaries« genannt, nach dem lateinischen Namen für den Landschaftsgärtner – topiarius. Berühmte Gärten mit zum Teil 200 Jahre alten Formgehölzen sind etwa Levens Hall in Cumbria, Great Dixter in Sussex und der Garten der Villa Pietra bei Florenz. Wie im ersten Kapitel dieses Buches berichtet, wurde die Kunst des Formschnitts schon von den Römern betrieben. Einen historischen Höhepunkt erreichte der Pflanzenformschnitt bereits im England des 17. Jahrhunderts.

Heute werden in Form geschnittene Solitärpflanzen in großer Zahl hauptsächlich von holländischen Betrieben für den europäischen Markt herangezogen. Baumschulen in Norddeutschland bieten Kugeln, Kegel, Würfel usw. mit Drahtballierung oder im Container an. Meistens sind diese Formgehölze aus *Buxus sempervirens* var. *arborescens* oder *B. s.* 'Rotundifolia' geschnitten. Für eine Kugel von 100 bis 110 Zentimeter Durchmesser muss der Kunde schon rund 1500 € bezahlen. Ein frei gewachsener Solitär kostet nur ein Drittel dieser Summe. Wer fertige Formgehölze erwirbt, weiß zwar, wie das Endprodukt aussieht, aber den wundervollen und spannenden Prozess der Entstehung einer grünen Skulptur hat er verpasst.

Beim Einpflanzen der Solitäre wird der Drahtballen nicht entfernt – die Wurzeln können ihn ungehindert durchwachsen. Wie die Ballenware sollten auch Containerpflanzen in das Freiland oder zumindest in größere Pflanzgefäße mit gutem, nährstoffreichem Substrat umgepflanzt werden. Die im Verhältnis zur Größe der Pflanzen relativ kleinen Baumschul-Container bieten auf Dauer nicht genug Platz und Substrat für eine ausreichende Entwicklung des Wurzelwerks. Belässt man die kostbaren Pflanzen in den Containern, so werden sie nach wenigen Jahren, vielleicht schon nach Monaten anfangen zu kümmern. Alte Formgehölze in England, die aus gartengestalterischen Gründen lebenslang in Pflanzgefäßen gehalten werden, erreichen ihr hohes Alter nur deshalb in Gesundheit, weil der Boden der hölzernen Pflanzgefäße entfernt wird. Die Wurzeln können so in das Erdreich hineinwachsen.

Frei geschnittene Buchspyramide am Ende einer Staudenrabatte.

Formschnitt als Zufallsprodukt

Manchmal fordert ein Buchsbaumsolitär, der an exponierter Stelle gepflanzt wurde, geradezu zum Formschnitt heraus. So entstand im Garten eines Freundes am Ende eines spitz zulaufenden Staudenbeets im freien Schnitt eine Buchspyramide – sie harmoniert wundervoll mit den krautigen und blühenden Pflanzen. Solitäre vor dem Hauseingangsbereich oder an Treppenabsätzen werden beim Schneiden fast von selbst zu Kugeln oder Halbkugeln. Wenn vorhandene Sträucher eine bestimmte Form andeuten, vielleicht einen Kegel oder einen Vogel mit ausgebreiteten Schwingen, kann auch das der Auslöser für einen begeisterten Formschnitt werden.

Auch beim Formschnitt einer vorhandenen Beeteinfassung kann es plötzlich Freude machen, Endpunkte oder Ecken durch Zinnen oder Halbkugeln zu betonen – an historischen Vorbildern für solche Künste fehlt es uns nicht. Im Gegensatz zu derart eher zufällig entstehenden Formschnittkünsten lassen sich

Mein Rat

Pflanzen für geometrische Formen müssen möglichst gut ausbalanciert und symmetrisch gewachsen sein. Für Kegel, Pyramide, Obelisk und Hochstamm wird außerdem ein kräftiger Hauptstamm oder Leittrieb benötigt. Bei anderen Figuren, z. B. einer Kugel, existiert eine zentrale vertikale Achse als gedachte Linie.

Klassisch schön sind geometrisch geschnittene Buchsformen, wenn sie als Paar einen Weg flankieren, ein Tor oder eine Türe.

für planvoll angelegte Solitäre mit etwas Überlegung und Vorbereitung besonders günstige Bedingungen für ein langes und gesundes Leben schaffen.

Der Standort für Formgehölze

So wie bei den Schnitthecken Pflegegänge erforderlich sind, benötigt man auch bei den Formgehölzen rund um die Pflanze ausreichend Platz zum Pflegen und Schneiden – je nach Größe auch zum Aufstellen einer Leiter. Um eine gleichmäßige Belaubung zu erhalten, ist ein Standort im vollen Licht erforderlich, denn Buchsbaum wächst umso lockerer, je schattiger der Standort ist. Für manche geometrische Buchsbaumformen ist es außerdem wichtig, dass sich in der Pflanze ein aufrechter und starker Haupt- oder Leittrieb entwickelt – auch das gelingt nur, wenn die Pflanze frei steht und nicht durch andere Pflanzen bedrängt wird.
Weiterere Gesichtspunkte bei der Wahl des Standorts sind der Windschutz und der Schutz vor Blessuren aller Art. Formgehölze eignen sich nicht als Galionsfiguren am Grundstück, wo parkende Autos, frei laufende Hunde oder trampelnde Rinderherden ihnen gefährlich werden können.

Geometrische Figuren

Geometrische Figuren aus Gehölzen sprechen in Garten und Park ihre eigene, unverwechselbare Formensprache. Hochgewachsene Figuren wie Säule, Obelisk, Hochstamm oder Pyramide ziehen den Blick an. Als Paar verweisen sie auf den Raum dahinter, auf einen Weg oder ein Tor. Ein Baumschirm bildet ein Zentrum. Eine Kugel »rollt«, ist leicht, bringt Bewegung auf eine Fläche. Eine Halbkugel dagegen ruht und bremst, bildet einen Schlusspunkt. Auch Würfel ruhen und beruhigen.
Darüber hinaus hat jede dieser Formen ihre metaphysische Bedeutung. So verweist die Pyramide mit ihrer Spitze auf den Himmel, auf das Jenseits; mit ihrer Basis ruht sie fest in der Erde, im Diesseits. Die Kugel ist in vielen Kulturen ein Symbol der Unendlichkeit ebenso wie der Vollkommenheit, die Spirale ist ein Symbol für Reifungsprozesse.
Mit Zurückhaltung in den Garten integriert als Paar, als Einzelstück oder Gruppe, schaffen diese lebenden Kunstformen eine Atmosphäre in Gärten, die mit keinem anderen Mittel erreicht werden können. Allerdings gelingt das

nur, wenn die Skulpturen auch so perfekt wie möglich gestaltet werden. Das gilt besonders für Figuren mit geraden Kanten und Flächen wie Pyramide, Obelisk und Würfel. Der Charme dieser Gehölze hängt leider auch von der Präzision ab, mit der sie gestaltet und gepflegt werden. Bei diesen geometrischen Figuren wird man deshalb der Einfachheit halber für den Erziehungsschnitt nach Möglichkeit einen Metallrahmen verwenden.

So geht man beim Formschnitt vor

Von der vorgesehenen Form hängt es ab, wie groß die Pflanze beim Beginn des Formschnittes sein sollte. So muss man schon fünf Jahre warten, bis ein bewurzelter Buchsbaumsteckling groß genug ist, um als ein Kegel von 60 Zentimeter Höhe geschnitten zu werden. Dagegen kann man schon mit einer ganz jungen Pflanze beginnen, sie zu einer Spirale heranzuziehen. Dabei wird ein Stab in den Boden oder das Pflanzgefäß getrieben, bevor man einen einjährigen Buchsbaumsteckling danebenpflanzt. Diese Pflanze wird in den kommenden Jahren mit ihrem Haupttrieb um den Stab herumgeleitet, Nebentriebe werden weggeschnitten und Seitentriebe eingekürzt, um eine kompakte Spirale zu erreichen. Eine zweite, schnellere Methode besteht darin, an einem fertigen Kegel eine spiralige Vertiefung aus dem Laub herauszuschneiden.

Ob runde oder gerade Formen geschnitten werden – immer erleichtert es die Arbeit, eine **Markierungslinie** zu schneiden; sie markiert bei der Kugel den Umfang (ich finde es praktisch, beim Schneiden der Kugel auch noch zwei Markierungslinien über den Scheitel zu schneiden) und beim Kegel den Kegelmantel. Erfahrene Gärtner empfehlen, beim ersten Durchgang vorsichtig zu schneiden und lieber ein zweites Mal über die Form zu gehen sowie beim Arbeiten immer wieder das Gehölz von allen Seiten zu betrachten. Das Motto für den Formschnitt solle *»festina lente«* sein, so meint der erfahrene englische Gartenautor Nathaniel Lloyd, also eile mit Weile! Buchsgärtner

Der Formschnitt bei Buchskugeln gelingt immer, wenn man zuerst Markierungslinien rund um den Äquator und über den Scheitel der Kugel schneidet. Wichtig ist die deutliche Rundung an der Basis!

Beim Schneiden von Kegeln sollte man immer wieder von oben herab auf die Skulptur schauen und die zentrale vertikale Linie nicht aus dem Auge verlieren. Markierungslinien in den Kegelmantel schneiden oder Stäbe als Hilfsmittel benutzen!

Es dauert schon ein paar Jahre, bis sich die Windungen einer Spirale so dicht mit Laub füllen.

wissen, wie schnell ein Loch in das Laubwerk geschnitten ist.

Jedes Jahr wird – so traurig das dem Anfänger auch scheinen mag – der Neuaustrieb fast komplett entfernt. Dafür eignen sich nur scharfe und gut geölte Garten- und Heckenscheren (siehe Seite 100).

Wenn uns die hübschen jungen Triebe reuen und wir nicht rigoros genug auf die Form herunterschneiden, werden diese Kugeln und Kegel überwuchern, und eines Tages ist eine riskante Restaurierung fällig.

Trotzdem gibt es im Hinblick auf die »Formentreue« große Unterschiede bei den Gärtnerinnen und Gärtnern. Manche von ihnen sind nur glücklich, wenn ihre Formgehölze immer exakte und klare Linien aufweisen; sie müssen sie zweimal im Jahr schneiden, und zwar im frühen und im späten Sommer. Andere Topiary-Liebhaber freuen sich gerade an dem jahreszeitlichen Kontrast zwischen geschnittenen und sanft überwachsenen Formen oder sind mit der natürlichen Form zufrieden. Diese Formschnittkünstler sind mit einem Schnitt pro Jahr zufrieden. Das gilt allerdings nur für den Pflegeschnitt. Bis zur endgültigen Ausfüllung der Form kann man bis zu drei Mal im Jahr schneiden.

Pflege der Formschnittgehölze

Was für die Pflege niedriger Hecken ausgeführt wurde, gilt sinngemäß auch für die grünen Skulpturen. Das betrifft auch die Auswahl der *Buxus*-Sorten. Für kleine Skulpturen bis zur Höhe von einem halben bis zu einem Meter sind unbedingt die langsam wachsenden Sorten zu bevorzugen.
Auch wenn die Geduld des Topiary-Enthusiasten auf die Folter gespannt wird: Die Freude an Formgehölzen aus *Buxus sempervirens* 'Blauer Heinz', 'Green Gem', 'Faulkner' und 'Suffruticosa' wird nicht durch Stress beim Formschnitt getrübt. Heute kann man Formgehölze aus langsam wachsenden *Buxus*-Sorten kaufen. Man kann sie aber selbst aus Stecklingen oder Jungpflanzen heranziehen. Eine echte Herausforderung, wie ich finde!

Tiergestalten

Pfauen und andere Vögel mit gespreizten Schwanzfedern und Schwingen sind bevorzugte Motive des freien Formschnitts, weil sie der natürlichen Wuchsform von Buchssträuchern ähneln. Es ist verblüffend, mit welch einfachen Mitteln und wie wenigen Prinzipien manche Tiergestalten mit etwas Phantasie entwickelt werden können.
Als Sockel für Tiergestalten eignen sich Pyramidenstümpfe, Zylinder oder Quader. Für den beliebten Pfau lässt man aus dem Sockel fünf Triebe herauswachsen, während der Sockel immer wieder geschnitten wird. Sind die Zweige lang genug, so werden zwei davon für Kopf und Rumpf und drei für das Rad ausgewählt. Ungeduldige Topiaryisten werden auf den Sockel verzichten und gleich mit der Formierung des Vogels beginnen.

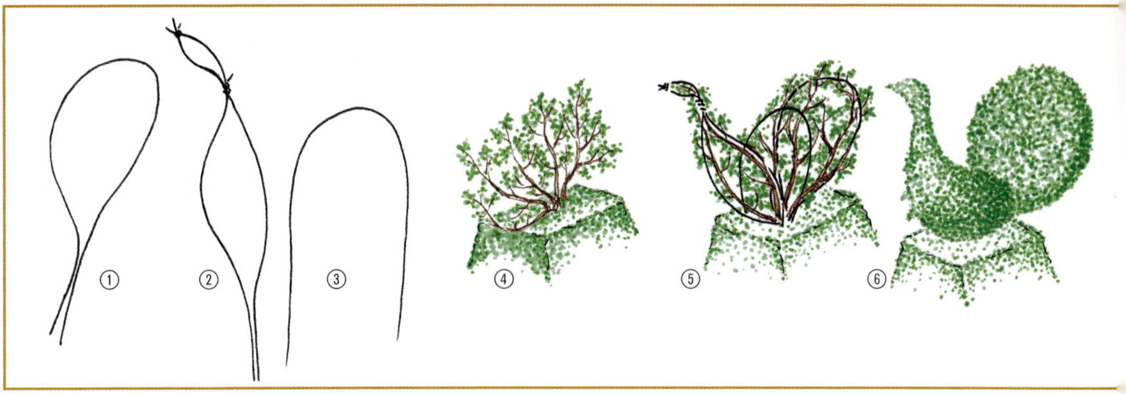

Um einen Pfau zu formieren, braucht man drei Schlingen aus festem Draht (Blumendraht ist nicht stabil genug) für das Rad ①, für Kopf und Rumpf ② und zum Herabbiegen der Zweige für das Rad ③. Geeignet ist eine Buchspflanze mit oder ohne Sockel, die fünf gut entwickelte Triebe besitzt ④. Drei Triebe für das Rad herunterdrücken und soweit möglich festbinden, zwei Triebe als Rumpf und Kopf an der Drahtschlinge befestigen ⑤. Bis sich die Form füllt, ist ein dreimaliger Erziehungsschnitt pro Jahr erforderlich. Rechts der fertige Pfau ⑥.

Um den Schwanz eines solchen Vogels zu formen, benötigt man einen Stab. Rumpf und Kopf werden freigeschnitten.

Auf einen Blick

- Mit Buchs können im Garten sowohl horizontale Strukturen wie Beeteinfassungen, Knotengärten, Arabesken usw. gestaltet werden als auch vertikale wie geometrische Formen, Tier- und Phantasiegestalten.
- Für die Anlage von speziellen Buchsgärten und für den Formschnitt von Skulpturen gibt es einfache, aber wirkungsvolle Hilfsmittel und Tricks, die man sich zu Nutze machen kann.

Als Drahtgestell für den Formschnitt eignen sich einfache, stabile Drahtschlingen, die man sich selbst – je nach Größe und Gestalt der Pflanze – biegen muss. Zwei Drahtschlingen (Rad, Rumpf und Kopf) werden dicht am Strauch in den Boden gesteckt. Mit einer weiteren Schlinge kann man die Zweige für das Rad niederdrücken, wenn man will.
Vom zeitigen Frühjahr an beginnt nun der zweimalige oder dreimalige Formschnitt pro Jahr – am besten mit einer scharfen Grasschere oder Schafschere. Gedüngt werden die Pflanzen im Frühjahr mit einem Langzeitdünger. Das ist auch die Zeit, in der Schäden, die

eventuell durch Schneebruch oder Frosttrockenheit entstanden sind, ausgeschnitten werden. Mag sein, dass im Lauf der Zeit das Rad zu einem bescheideneren Schwanz umgewandelt wird. Nach drei bis vier Jahren wird die Form deutlich hervortreten.

Phantasiegestalten

Wie man Teddybären, Löwen und Fabeltiere schneidet, kann man in dem wundervollen Buch von David Joyce nachlesen, auf das im Anhang hingewiesen wird. Einfachere und schnellere Formschnittverfahren findet man bei Jenny Hendy. In England und den USA, den Ländern mit der größten Formschnitttradition, können die exzentrischsten Formen bewundert werden: mannshohe Schachfiguren und Kaffeekannen, Lokomotiven und lebensgroße Krokodile. Aber auch in der gartenhistorischen Vergangenheit gab es die erstaunlichsten Kunstfiguren aus lebenden Gehölzen. Immer schon lagen beim Formschnitt Gartenschönheit und Gartenwahnsinn nahe beieinander.

Aber sei's drum! Während die geometrischen Formschnittgehölze dem Garten einen geheimnisvollen Ernst verleihen, werden der Buchsbaumpfau und der Vogel im Nest den Gartenbesuchern ein Lächeln entlocken und die spielerische und heitere Seite der Gartenphantasie anregen.

Kunstfertigkeit und Geduld eines begeisterten »Topiaryisten« bringen ein derart entzückendes Gartenunikat zustande wie diese Hennen mit Eiern. Wichtig: Ausreichend Bewegungsraum zum Pflegen zwischen den Skulpturen frei lassen!

Vermehrung, Formschnitt und Pflege

Buchsbaum ist ein relativ unkomplizierter Geselle. Man kann ihn selbst vermehren, und der Pflegeaufwand ist nicht groß. Allerdings gilt es, beim Formschnitt einige wichtige Regeln zu beachten. Auch die Erhaltung und Pflege kostbarer Kübelpflanzen erfordert Kenntnisse und Sorgfalt.

Vermehrung durch Stecklinge

Meine ersten Buchsbaumpflanzen für den Garten habe ich gekauft. Ich wusste es nicht besser! Anstelle eines vermoderten Brettes, das als Beeteinfassung gedient hatte, wollte ich lebende Einfassungspflanzen setzen und kam irgendwie auf Buchsbaum. Wir hatten das Haus meiner Großeltern übernommen, und es war so heruntergekommen, dass für den Garten einfach kein Geld blieb. Pflanzen als Einfassung würden, so dachte ich damals, wenig kosten. Welch ein Irrtum! Die ersten zwanzig Pflanzen bestellte ich in der Baumschule – sie waren nicht vorrätig damals vor fünfundzwanzig Jahren. Das Einfassungsbrett wurde also durch Buchsbaum ersetzt, und dabei blieb es zunächst angesichts des Preises, den ich für die Winzlinge hatte entrichten müssen.

Zwei Sorten in einer Beeteinfassung – hier 'Suffruticosa' und 'Blauer Heinz' – wirken unruhig.

Ein Jahr später schenkte mir meine Mutter die nächsten zwanzig Pflanzen, und nach einem weiteren Jahr brachte mir ein Freund aus dem Nachwende-Weimar ein Kistchen mit Einfassungsbuchs mit. Jetzt hatte ich mindestens zweierlei Sorten und dreierlei Jahrgänge in der Hecke. Das unterschiedliche Alter ließ sich durch den Schnitt korrigieren. Aber die Sortenvielfalt erscheint jedes Mal mit dem Neuaustrieb.

Mein eigentliches Schlüsselerlebnis in Sachen Buchsbaum hatte ich jedoch auf der Insel Elba. Beim Kauf einer kleinen Buchsbaumpyramide erklärte mir der italienische Gärtner, wie man Buchsbaum durch das Ziehen von Stecklingen vermehrt. Er brach einen Jahrestrieb ab – brechen oder reißen sei besser als schneiden. Die unteren Blätter wurden vom Stiel gezupft, dann steckte mein Buchsfachmann den Zweig schräg und tief in das – Schnittlauchbeet. »Erba cipollina«, der Schnittlauch, bildet just jenes Wachstumshormon, das den »bosso« zur Bewurzelung stimuliere. Aber Geduld müsse man schon haben, die Prozedur würde schon etwa ein Jahr dauern. Wie oft habe ich dieses Elba-Experiment schon wiederholt! Von allen Reisen brachte ich Buchsbaumstecklinge mit, immer duftete unser Ferienquartier herb nach meinen

»Blumensträußen«, die im Zahnputzglas auf die Heimreise warteten.

Wie gewinnt man Stecklinge?

Der Gärtner auf Elba hatte Recht, ein **gerissener Steckling (Rissling)** bewurzelt besser als ein geschnittener Steckling – einfach deshalb, weil der Kambiumring, der im Zweig das Mark von der Rinde trennt, bei einem Rissling nicht rund, sondern zum Oval verlängert ist. Überdies ist die Oberfläche der Wunde nicht glatt, sondern gezackt und vielfach vergrößert. Dieser Kambiumring aber ist es, der zur Zellteilung fähig ist. Aus ihm bildet sich ein Kalluswulst, der die Wunde verschließt und aus dem die Wurzeln sprießen.
Man reißt normalerweise 10–15 cm lange Zweige aus den Zweigachseln heraus. Das sind so genannte Risslinge. Sehr professionell ist es, wenn man die Risslasche von der Gegenseite etwas einkürzt; so erhält man einen perfekten Steckling.

Mein Rat

Am allereinfachsten ist es, Stecklinge, die für eine Beeteinfassung herangezogen werden sollen, an Ort und Stelle zu stecken. Mit Hilfe einer Schnur bekommt man eine gerade Linie. Es ist viel leichter, die Stecklinge auf Linie zu bringen, als Pflanzenballen. Auch wenn hie und da eine Pflanze nicht »angeht«, so ist Ersatz leicht bereitzustellen. Die meisten Stecklinge werden jedoch ausschlagen. Vielleicht wurden in den großen Schlossgärten früherer Jahrhunderte ebenfalls auf diese Weise die Beeteinfassungen und Parterres gesteckt.

Das Stecken

Es gibt zwei besonders günstige Zeitpunkte zur Stecklingsvermehrung im Garten. Man

1 Um einen Steckling zu gewinnen, reißt man einen Trieb aus der Zweigachsel ab.

2 Die unteren Blättchen werden im Anschluss daran abgezupft ...

3 ... und die Risslasche mit dem Messer von der Gegenseite her eingekürzt.

Die fertigen Stecklinge steckt man schräg in die Erde und drückt sie fest an.

kann im zeitigen Frühjahr damit beginnen, vor dem Austrieb des Buchsbaums. Aber auch wenn der Austrieb abgeschlossen und die Jahrestriebe ausgereift sind, also ab Ende August, ist ein guter Zeitpunkt zur Stecklingsgewinnung. Junge Triebe des Buchsbaumes eignen sich nicht zu Bewurzelung, weil sie schnell welken, aber selbst damit kann man einmal Glück haben.

In meinem Garten hat sich das Schnittlauchbeet als »Kinderstube« bewährt. Die Stecklinge werden schräg in die lockere Erde gesteckt und fest angedrückt. Etwa nach Jahresfrist treiben sie an den Spitzen schwach aus, sie treiben durch, wie der Fachmann sagt. Das ist ein Zeichen dafür, dass sie unterwärts Wurzeln gebildet haben. Wenn man ungeduldig ist und die Zweige schon vorher einmal herausholt, sieht man die millimeterkurzen, weißen Wurzelsprosse – oder noch gar nichts. Inzwischen habe ich die Erfahrung gemacht, dass man Buchsstecklinge überall im Garten bewurzeln kann. Am besten eignen sich dafür schattige Plätze, zum Beispiel am Gehölzrand, an dem der Boden nicht bearbeitet wird, wo also die Stecklinge für lange Zeit vergessen werden können. Dort dauert die Bewurzelung zwar länger als im Schnittlauchbeet, aber sie funktioniert ebenso.

Bewurzelte Stecklinge werden in Töpfe gepflanzt, damit sie einen Ballen bilden.

Umpflanzen in Töpfe

Wenn die Stecklinge bewurzelt sind, ist es gut, sie auszugraben (man kann sie jetzt nicht mehr herausziehen) und in kleine Töpfe einzupflanzen, damit sie dort einen Wurzelballen bilden können. Es ist für mich immer wieder ein Wunder, zu erleben, wie aus einem kleinen Zweig eine komplette Pflanze mit einem gut durchwurzelten Ballen wird.

Jungpflanzen, die nicht unmittelbar für eine Hecke gebraucht werden, sollten weiterkultiviert werden, um als Ersatzpflanzen bereitzustehen, wenn in den Beeteinfassungen Lücken entstehen. Während des Winters schlägt man die kleinen Töpfe in Erde ein, damit sie nicht durchfrieren. Solche Jungpflanzen sind auch wunderbare Geschenke für Buchsliebhaber und solche, die es werden sollen.

Stecklingsvermehrung auf dem Balkon

Wie können Balkongärtner/-innen, die weder über ein Schnittlauchbeet noch über einen ungestörten Platz am Gehölzrand verfügen, Stecklinge heranziehen? Sie sollten ein nicht zu kleines Pflanzgefäß wählen, damit die Erde nicht so schnell austrocknet, und es mit Pikiererde füllen. Unter die Erde mischt man einen Bodenhilfsstoff, wie er zum Beispiel von der Firma Neudorff als »Neudofix« angeboten wird. Dieser Extrakt auf der Basis von Meeresalgen fördert die Bewurzelung. Auf jeden Fall sollten die Balkongärtner/innen das zeitige Frühjahr für die Stecklingsvermehrung wählen und die Stecklinge im Winter frostfrei aufstellen, damit im Laufe des Winters das Substrat nicht durchfriert und die Bewurzelung fortschreiten kann.

So geht der Profi vor

Im Erwerbsgartenbau ist das Reißen von Stecklingen viel zu zeitaufwändig. Auch ist das Stecklingsmaterial hier kostbar und wird häufig noch geteilt. Die professionelle Vermehrung der *Buxus*-Arten und -Sorten im

Während des Winters schlägt man die Jungpflanzen in Erde ein, damit sie nicht durchfrieren.

Mein Rat

Durch die Stecklingsvermehrung erhält man Pflanzenklone, deren Erbanlagen mit denen der Mutterpflanze identisch sind. Wenn wir uns also Stecklinge von einer stark wachsenden Mutterpflanze holen, wie zum Beispiel von *Buxus sempervirens* ‘Angustifolia’, so sollten wir aus diesen Stecklingen lieber keine Beeteinfassung anlegen.

Erwerbsgartenbau beginnt Ende August bis Anfang Oktober. 7–12 cm kurze Spitzen der Jahrestriebe werden geschnitten, und zwar kurz unter einer Blattansatzstelle.

Das richtige Substrat

Das Stecken erfolgt in Schalen oder Kistchen, die mit einem Substratgemisch aus Torf und Sand (etwa 4 : 1) gefüllt sind. Das Substrat wird gut durchfeuchtet, und die Buchsstecklinge werden sehr fest gesteckt, weil sie auch bei der professionellen Vermehrung sehr lange stehen, bis sie bewurzelt sind. Die Stecklinge werden im Gewächshaus überwintert, nicht zu warm gehalten und nach dem Durchtrieb in kleine Töpfe umgesetzt.

Nicht alle *Buxus*-Sorten lassen sich gleichermaßen gut auf diese Weise vermehren. Manche Sorten sind deshalb teuer, weil deren Stecklinge sich schlecht bewurzeln. Auch Bodenhilfsstoffe helfen nicht immer weiter. Manche Methoden der Stecklingsvermehrung sind verständlicherweise Gärtnergeheimnis.

Nicht nur im Erwerbsgartenbau, auch in der Denkmalspflege wird der vorhandene Pflanzenbestand an Buchsbaum in historischen Gartenanlagen durch Stecklinge und durch Teilung vermehrt. Oft wurden auf diese Weise Generationen von Pflanzensorten erhalten, ohne dass deren Name jeweils bekannt oder die Sorte genau zu bestimmen wäre.

In der Baumschule vergehen zwei Jahre, bis aus Stecklingen solche Jungpflanzen werden.

An Ort und Stelle gesteckte Buchseinfassung aus Stecklingen.

Vermehrung durch Teilung

Eine weitere Methode, um Buchsbaumpflanzen zu vermehren, ist die Teilung ausgewachsener Pflanzen. Eine Einfassung aus *Buxus sempervirens* 'Suffruticosa' zum Beispiel wird eines Tages sehr dicht und – trotz regelmäßigen Schneidens – möglicherweise auch zu hoch sein. Es ist möglich, jede Pflanze in der Hecke zu teilen und alle tiefer zu setzen.
Der günstigste Monat hierfür ist der Mai. Man gräbt die Hecke so aus, dass die Pflanzgrube erhalten bleibt, richtet diese wieder mit Schnüren gerade aus und bessert sie nach, indem man die Erde am Grunde auflockert und mit Kompost vermischt. Jeder Strauch wird nun geteilt, indem man ihn auseinander reißt. Wurzeln und oberirdische Triebe kürzt man tüchtig ein. Nun werden die geteilten Pflanzen sofort wieder in die alte Pflanzgrube eingesetzt – aber eben tiefer als vorher. Dadurch bewurzeln sich die Sträucher neu – auch an den ehemals oberirdischen Teilen. Auf diese Weise kann man verkahlte und lückige Hecken verjüngen.
Nach der Wende wurden auf diese Weise die Buchsparterres in Schloss Sanssouci restauriert. Man nimmt an, dass früher Beeteinfassungen in großen Gartenanlagen alle paar Jahre auf diese Weise behandelt wurden. Außerdem konnten aus den Teilungsstücken neue Hecken gebildet werden.
Das Aufnehmen und Verjüngen ganzer Buxus-Hecken wurde früher von Gartenbaubetrieben erledigt. Leider werden solche Dienstleistungen nicht mehr angeboten.

Die Buchsparterres im Park von Schloss Sanssouci wurden durch Einkürzen und Tieferlegen der alten Pflanzen restauriert.

Teilen einer Buchspflanze durch Auseinanderreißen.

Vermehrung durch Sämlinge

Stecklingsvermehrung und Teilung sind relativ einfache und schnelle Verfahren, um den Bestand an Pflanzen in einem Garten zu vergrößern. Wesentlich langwieriger ist die Vermehrung durch Sämlinge. Dies ist aber bekanntlich die einzige Methode, um neue Sorten zu züchten.

Leider bilden Buchsbaumexemplare erst im vergleichsweise hohen Alter (durchschnittlich nach 20 Jahren) Samen; beschnittene Pflanzen blühen und fruchten meist überhaupt nicht.

Aus Samen aufgegangene Buchspflänzchen bilden Pfahlwurzeln.

Blühfreudigkeit und Samenbildung sind von Sorte zu Sorte recht unterschiedlich. Manchmal werden nur Samenkapseln ausgebildet.

Pflanzenaufbau von Sämlingen und Stecklingen

Zwei baumartige, uralte *Buxus sempervirens* var. *arborescens* vor der Grabkapelle eines oberbayerischen Gutshofes bilden Jahr für Jahr reichlich Fruchtkapseln aus. Unter diesen hundertjährigen Buchsriesen kann man Sämlinge in der Wiese finden, die selbst aufgegangen sind. Diese Sämlinge unterscheiden sich im Pflanzenaufbau deutlich von Stecklingen. Schon zweijährige Sämlinge sind Individuen, die sich von den Elternpflanzen deutlich in Blattform und -größe unterscheiden.

Stecklinge in verschiedenen Stadien der Bewurzelung. Typisch: die Adventivwurzeln.

Im Gegensatz dazu hat der Steckling in Größe und Gestalt das Blattwerk der Mutterpflanze, er ist ein Pflanzenklon. Wenn er zu ersten Mal durchgetrieben hat, sieht er aus wie eine beschnittene Buchspflanze. Das Wurzelwerk – so genannte **Adventivwurzeln** – wächst beim Steckling nach allen Seiten auseinander und ist weiß und unverzweigt. Beim Sämling dagegen hat sich eine **Pfahlwurzel** gebildet, und um die Wurzeln des Sämlings bildet sich von Anfang an eine hellbraune Rinde.

Sämlingspflanzen im Baumschulquartier: Jede Pflanze ist ein Individuum.

Züchtung neuer Sorten

Mit Sämlingen arbeiten die Pflanzenzüchter. Welche Eigenschaften ein *Buxus*-Sämling von seinen Eltern mitbringt, ist ganz ungewiss und kann nur durch jahrelange Beobachtung der Pflanze in Erfahrung gebracht werden. Sämlinge mit wünschenswerten neuen Blattformen und -farben, mit gutem Aufbau oder interessanten Wuchsformen werden selektiert (ausgewählt), benannt und über Stecklinge weiter vermehrt. Führend bei der Züchtung neuer Buchsbaumsorten sind seit Jahrzehnten die USA. Dort gibt es auch eine eigene »Boxwood Society«.

In der Baumschule Huben als wichtigste deutsche Baumschule für Buchs gibt es eigene Sämlingsfelder mit Pflanzen in verschiedenen Altersstufen (sieben Jahre alt, 14 Jahre alt), die systematisch beobachtet und gepflegt werden. Buchstäblich jede Pflanze sieht anders aus als ihre Nachbarin.

Während die Qualität des Laubes relativ schnell zu erkennen ist und sich auch die Geschwindigkeit des Wachstums schon innerhalb der ersten sieben Jahre herausstellt, dauert es wesentlich länger, ja dreißig Jahre und mehr, um die natürliche Gestalt der Pflanze in Erfahrung zu bringen. Für die Verwendbarkeit der Sorte zum Beispiel als hohe Hecke oder als Bodendecker ist die natürliche Wuchsform von entscheidender Bedeutung. Sämlinge, die erkennbar keine neuen Eigenschaften aufweisen oder sich im normalen Spektrum der *Buxus sempervirens* var. *arborescens*-Vielfalt bewegen, werden aus den Beobachtungsfeldern genommen und als namenlose Sämlinge verkauft (siehe *Buxus*-Sortiment Huben).

Schau- und Sichtungsgarten Hermannshof

Voraussetzung für dieses züchterische Verfahren ist das Vorhandensein eines vielfältigen samenproduzierenden Pflanzenbestandes. Einen solchen außergewöhnlichen Bestand gibt es in Weinheim an der Bergstraße im Hermannshof. In diesem 2,2 ha großen, zweihundert Jahre alten Privatgarten stehen alte Buchsbäume mit Stämmen so dick wie Elefantenbeine. Eine größere Vielfalt, als diese Buchsbäume aufweisen, ist in einem Garten kaum denkbar. Man findet großblättrige Sorten, die an 'Bullata' erinnern, Hängebuchsbäume, schmalblättrige Exemplare wie 'Angustifolia', schwarzgrüne ebenso wie hellgrüne Blattfarben. Dazwischen stehen die ebenfalls schon betagten Kreuzungen dieser

200 Jahre alte Buchsbäume am Hermannshof in Weinheim an der Bergstraße.

Originale, als Sämlinge aufgegangen und nun – wie die Baumeltern – zu 4–5 m Höhe herangewachsen. All dies ergibt eine unglaubliche Variationsbreite an Laubwerk und Wuchsformen. Überall unter den alten Bäumen stehen die Sämlinge in allen Größen im bodendeckenden Efeu.

Wenn man den Hermannshof in Weinheim an einem Spätsommertag besucht, hört man das Knacken der aufspringenden *Buxus*-Samenkapseln und wird mit Buchsbaumduft und -augenlust erfreut. Aber nicht nur wegen des Buchsbaumes lohnt der Besuch dieser Anlage. *Buxus* und Taxus bilden den schützenden Gehölzrand eines Schau- und Sichtungsgartens für Stauden, welche in Anlehnung an natürliche Pflanzengemeinschaften in »Lebensbereiche« (Beet, Freifläche, Steinanlage, Felssteppe, Gehölzrand) gruppiert sind. Dieser Sichtungsgarten mit einem klassizistischen Landhaus ist in Deutschland die einzige private Einrichtung dieser Art und wird zu vier Fünfteln von den Eigentümern finanziert. Baumliebhaber/-innen finden im Hermannshof außerdem weitere Prachtexemplare, etwa die älteste Zeder Deutschlands oder eine hundertjährige Hamburger Brautmyrte, die im Winter eingehaust wird.

Für Buchsgärtner ist es besonders interessant, im Hermannshof zu sehen, wie ausdauernd Buchsbäume dem Wurzeldruck wesentlich größerer Bäume standhalten können. Auch kann man gut beobachten, wie Buchsbaum einen Gehölzrand bilden kann, der wie ein aufgelockerter Waldsaum wirkt und einen bezaubernden Wechsel von Licht- und Schattenflächen erzeugt.

Formschnitt von Buchsbaum

Auch solche Gartenliebhaber, die von der wilden, ungezähmten Lebendigkeit alter frei wachsender Buchsbäume bezaubert sind, werden sich nicht ganz der Schönheit beschnittener *Buxus*-Pflanzen entziehen können. Keine andere Pflanze bringt ein derart dichtes und ebenmäßiges Laubkleid hervor wie beschnittener Buchsbaum. Aber es ist nicht nur die Schönheit dieses Laubkleides, die gefangen nimmt. Auch unbeschnittene *Buxus*-Sorten wie *B. sempervirens* 'Suffruticosa' und 'Blauer Heinz' bringen von Natur aus dieses haptisch und optisch einmalige Blattwerk hervor.

Die besondere Atmosphäre von Gärten mit beschnittenen Pflanzen entsteht aus der Spannung zwischen (scheinbar) frei wachsenden Sträuchern, Kräutern, Stauden und beschnittenem »Grünzeug«. Es ist dieselbe Spannung, die zwischen Pflanzen und steinernen Skulpturen besteht, zwischen Gartenarchitektur wie Pavillons, Brücken, Treppen und der pflanzlichen Umgebung. Ähnlich wie steinerne Elemente wirken auch Mauern, Grotten, Säulen und Hecken aus Buchsbaum in ersten Linie architektonisch. Auch der Formschnitt ist eine ästhetische »Übersetzung« der Natur durch menschliche Kunstfertigkeit.

Puristen, die für naturnahe Gartengestaltung eintreten, mögen sich nicht täuschen: selbst Beete, die an Präriepflanzung angelehnt sind, erfordern erhebliche gärtnerische Eingriffe, die nicht weniger rigide sind als der Formschnitt. Auch frei wachsende Hecken müssen eingedämmt, ausgedünnt, eingekürzt oder von Zeit zu Zeit sogar vollkommen heruntergeschnitten werden, weil sie sonst den Garten insgesamt überwuchern würden. Die Gartenarbeiten mit Säge, Beil und Schere sind meist anstrengend und bei weitem nicht so beliebt wie das Pflanzen, Gießen und Ernten – aber sie sind nun einmal bei jeder Gartenform unerlässlich.

Die Spannung zwischen formalen Gartenpartien und frei wachsenden Gehölz- und Baumgruppen verleiht dieser von Emanuel von Seidl geschaffenen und nach alten Entwürfen restaurierten Gartenanlage ihren besonderen Reiz.

Formschnitt bei niedrigen Hecken

Wer Buchshecken als Beeteinfassung gewählt hat, muss einmal im Jahr einige Stunden – auf

Mein Rat

Für die Erhaltung von Buchshecken und anderen Formgehölzen ist ein strenger Formschnitt unerlässlich, weil nur durch regelmäßiges Schneiden die Oberfläche dicht und geschlossen wird und bleibt und der Strauch von unten her nicht verkahlt.

den Knien rutschend – mit der Heckenschere zubringen, und je nach Größe der Beete mögen aus den Stunden auch einige Tage werden. Um den rechts abgebildeten Hofgarten der Stadt Freising, eine Barockanlage, von Hand zu schneiden, benötigen zwei geübte Fachkräfte eine Woche.

Mit der Zeit entwickelt man beim Formschnitt Rhythmus und Methode.

Als eine betagte Gartenfreundin aus Sachsen zum ersten Mal in meinem Gemüsegarten stand, betrachtete sie die Buchseinfassungen mit gemischten Gefühlen. Sie hatte als Kind im Garten ihrer Großeltern in Bärenwalde den Einfassungsbuchs mit der Schere schneiden müssen und erinnerte sich deshalb nur ungern an die Qual und Monotonie dieser Arbeit. Aber was für das Kind in jungen Jahren quälend war, kann für erwachsene Buchsliebhaber durchaus inspirierend sein.

Wenn ich meine Buchshecken schneide, blüht das Geißblatt oder die Linde, und das süße Parfüm dieser Blüten mischt sich mit dem herben Duft des geschnittenen Buchses. Man nimmt das ja erst nach einer Weile richtig wahr, während man so vor sich hin arbeitet und allmählich Rhythmus und Methode findet: Düfte, die durch den Garten ziehen, Vogelstimmen und Insektengesumm. Das Schneiden ist so eine stille geschäftige Arbeit, die sich lange hinzieht, die Sinne frei macht und auch die Gedanken. Das weiche Schnittmaterial schmeichelt den Händen, und das satte Grün den Augen. Sicher befriedigt es auch viele Gärtner/-innen, durch den Formschnitt Ordnung zu schaffen, die Strukturen des Gartens wieder hervortreten zu lassen und die Wege wieder begehbar zu machen. Jedes Mal freue ich mich beim Schneiden darüber, dass seit dem letzten Jahr Lücken zugewachsen und kahle Stellen wieder begrünt sind und dass die ganze Hecke einfach vollkommener geworden ist. Ich gebe gerne zu, dass all diese Freuden nicht so stark wirken, wenn man schmerzhafte Gelenkentzündungen hat, aber ich kenne Gärtnerinnen, die es

Eine Woche benötigen zwei geübte Gärtner, um dieses Buchsparterre im Hofgarten Freising von Hand zu schneiden.

Der Frühjahrsaustrieb ist abgeschlossen. Jetzt ist die richtige Zeit, Hecken und Kugeln wieder in Form zu bringen.

sich trotz Arthritis oder Arthrose nicht nehmen lassen, ihren Buchs zu schneiden.

Die beste Zeit für den Formschnitt

Zu der Frage, wann denn der richtige Zeitpunkt für den Formschnitt sei, findet man in Gartenbüchern und -zeitschriften die unterschiedlichsten Ratschläge. Manche empfehlen das zeitige Frühjahr, etwa März, andere die zweite Sommerhälfte, Ende August oder September. Die Verwirrung ist groß, und ich habe lange herumexperimentiert, bis ich die wenigen wichtigen Grundsätze für den Formschnitt verstanden hatte. Diese Grundsätze beziehen sich auf die Wachstumsphasen der Pflanzen und auf deren Alter.

Die sichtbaren **Wachstumsphasen** der Gehölze sind der **starke Frühjahrsaustrieb** und der **schwächere Sommeraustrieb.**

- Ein (Form-)Schnitt im Frühjahr stimuliert den ohnehin starken Wachstumsschub zusätzlich.

Mein Rat

Je jünger die Buchspflanze ist, destofrüher und öfter im Jahr kann sie geschnitten werden, desto schneller wächst sie und füllt die vorgesehene Form. Eine Hecke oder Kugel, die ihre Form erreicht hat, schneidet man im Sommer, um das weitere Wachstum zu verlangsamen.

- Ein Sommerschnitt begünstigt dagegen ein langsames Wachsen.

Der zweite Aspekt, der sich aus den zwei Wachstumsschüben ergibt, lässt den günstigsten Zeitpunkt für den Formschnitt »erwachsener« Gehölze genauer bestimmen: Wer mit dem Schneiden wartet, bis auch der zweite Austrieb vollendet ist, also bis Anfang September, erhält eine makellose Form, die sich bis zum Frühjahr nicht mehr verändert. So lange bleiben allerdings auch braune

Diese Buchskugel wurde mit der elektrischen Heckenschere lieblos zurechtgestutzt.

Quetschwunden an den Blättern und verholzte Schnittstellen sichtbar. Außerdem fühlt sich die Oberfläche einer frisch geschnittenen Buchsform dann kratzig und hart an. Aber – wer im September Buchsbaum in Form schneidet, kann das gesamte Schnittmaterial zur Stecklingsvermehrung verwenden.

Ein Nachteil, den der Septemberschnitt mit sich bringt, besteht darin, dass die Formgehölze von April bis August eben nicht in Form sind, sondern mit ihren üppigen neuen Trieben in Wege und Beete hineinwuchern. So hat man in der ersten Hälfte des Gartenjahres einen Struwwelpeter und in der zweiten Hälfte einen geschorenen Buchs mit lädierter Oberfläche.

Um dieses Problem zu lösen, gibt es für Buchsgärtner/innen mehrere Wege. Der erste Weg besteht in der Wahl der idealen Buchssorte für den jeweiligen Zweck (siehe hierzu die Porträts im 2. Kapitel Seite 20ff.).

Der zweite professionelle Weg besteht in einem **zweimaligen Schnitt**. In gepflegten Gärten und Parkanlagen werden die Formgehölze zweimal geschnitten. So schneiden die Gärtner die fünfzig Kilometer (!) langen Buchsbaumhecken in Schloss Villandry an der Loire im März und im September. Aber – wer hat schon einen Gärtner? »Der Fuß des Herrn düngt den Garten«, sagte ein adliger Gartenfreund zu mir und sah zu, wie seine Frau umgrub. Für alle, die selbst Hand anlegen wollen und müssen, habe ich den Buchs betreffend eine Patentlösung gefunden.

Ich schneide alle meine Buchshecken, -kugeln usw. **um Johanni** herum, also in der letzten Juniwoche. Nach etwa vier Wochen treibt der

Buchs noch einmal schwach aus, und die jungen Triebe überwachsen mit frischem Grün weich die Form, ohne sie zu verwischen. Für den Rest des Jahres, auch den ganzen Winter, können die Pflanzen gestreichelt werden und streicheln zurück. Die Oberfläche der Buchsformen ist ein kleines bisschen unregelmäßig, aber lebendig. Die jungen Triebe haben bis zum Frost reichlich Zeit, um auszureifen, und werden nicht erfrieren.

Elektrische Heckenscheren mit kurzem Schwert sind gut geeignet.

Festina lente – eile mit Weile

Wer sich schon mit dem »richtigen Zeitpunkt« für Gartenarbeiten aller Art befasst hat, wird der Ansicht sein, dass man Gehölze bei abnehmendem oder absteigendem Mond schneiden sollte. Ich finde es wichtiger, einen Tag auszusuchen, an dem man in guter Verfassung ist und wirklich ein paar Stunden Zeit hat. Es hat keinen Zweck, in Eile zu arbeiten, weil man allzu leicht Löcher oder Scharten in das Blattwerk schneidet, die bis zum nächsten Jahr sichtbar bleiben. In aller Ruhe und mit der Messlatte sollten Schnüre gespannt werden; wer frei schneidet, muss sich umso mehr konzentrieren. Auch gibt es immer kitzlige Stellen, die zum Verkahlen neigen oder an denen der Blattsaum noch nicht bis zum Boden reicht; hier muss mit Vorsicht zu Werke gegangen werden. Man schneidet auf die Form herunter, aber nur im jungen Holz, also in den grünen Trieben des vergangenen Jahres. Man schneidet demnach nur den Neuaustrieb, und zwar bis auf wenige Millimeter, sodass die Oberfläche der Gehölze immer dichter belaubt wird, ohne dass die Formgehölze wesentlich in die Höhe wachsen – eine Ausnahme bildet hier der Erziehungsschnitt bei den noch nicht ausgewachsenen Formen. Allerdings ist auch bei rigidestem Formschnitt ein Höhenwachstum nicht zu vermeiden, weil Jahr für Jahr ein paar Millimeter dazukommen. Daher soll hier mit aller Vorsicht und nicht ohne Warnung auf eine etwas riskante Methode hingewiesen werden, um allzu hoch gewachsene Beeteinfassungen stärker einzukürzen und ornamentale Buchsgärten wieder in die richtige Proportion zu bringen.

Mein Rat

Ein eiserner Grundsatz für den Buchsbaumschnitt: Die verholzten Triebe im Inneren der Sträucher sind für den Schnitt normalerweise tabu.

Radikal kurz werden die Buchseinfassungen im Garten des Goethehauses am Frauenplan in Weimar gehalten.

Rückschnitt ins alte Holz

Es ist durchaus möglich, einen Kürzungsschnitt bis in das verholzte Gezweig vorzunehmen, weil der Buchsbaum – wie die Myrte auch – aus dem Holz zu grünen vermag. Aber das gilt nur im Prinzip und muss nicht immer gelingen. Es kann daher sein, dass nach solch tiefgreifenden Schnittmaßnahmen die eine oder andere Heckenpflanze ausgewechselt werden muss, weil sie nicht ausreichend neue Blätter entwickelt. Zu beachten ist, dass ein Schnitt ins Holz nur im zeitigen Frühjahr vorgenommen werden kann, weil dann der erste starke Wachstumsschub hilft, die Pflanzen zu begrünen. Auch sollte man nicht die ganze Pflanze ins Holz zurückschneiden, sondern zum Beispiel nur die Krone.

Aber trotz aller Vorsicht bleibt der Schnitt in das Holz eine riskante Sache – meine Leser/-innen seien gewarnt. Besser ist es, von Anfang an Beeteinfassungen so kurz zu halten, dass sie nicht stark verholzen. Wer einmal den Garten Goethes am Frauenplan in Weimar besucht hat, der wird erstaunt sein, wie kurz hier die Buchsbaumeinfassung der Blumenbeete gehalten wird.

Mein Rat

Bekanntlich schneidet man jede Hecke in Form eines stumpfen Kegels, damit auch auf die Seitenflächen Licht fällt. Dies ist umso wichtiger auf der Schattenseite, die langsamer begrünt und eher einmal löchrig wird. Die ideale Schräge pro 30 cm Höhe sind 5–10 cm Abstand von der Vertikalen.

Hecken in Form bringen

Frisch gepflanzte und noch niedrige Hecken müssen in den drei ersten Jahren stark zurückgeschnitten werden, damit sie sich auch zu den Seiten hin verzweigen und belauben (Erziehungsschnitt). Fängt man erst dann mit dem Formschnitt an, wenn die Hecke die gewünschte Höhe erreicht hat, so wird sie von unten her verkahlen und oben auseinanderfallen. Grundsätzlich ist es riskanter, ältere Buchspflanzen stark zu beschneiden als junge Pflanzen.

Der professionelle Heckenschnitt erfolgt von der Krone her; zuerst wird also die Krone, dann werden die Seitenflächen gestutzt. Der Nachteil bei diesem Vorgehen ist, dass der Heckenabschnitt in den Seitenzweigen hängen bleibt. Man kann auch an den Seiten beginnen, zurückhaltend schneiden, dann die Krone stutzen und zum Schluss die Seitenflächen an die Krone anpassen.
Den Heckenschnitt fange ich mit Folien auf, damit die Wege und Beete nicht verunziert werden. Mit einem weichen Besen fege ich die Blattreste von der Hecke. Nach ein, zwei Tagen muss man hier und dort nachbessern, was man vergessen hat. Übrigens finden sich beim Schneiden immer ein paar Nacktschnecken, die gemütlich in dem feuchten kühlen Buchslaub sitzen. Wer also glaubt, er könne mit Hilfe von Pflanzenhecken die kleinen Ungeheuer von den Beeten fernhalten, den muss ich leider enttäuschen.

Fremde Sämlinge entfernen

Auch anderes findet man in der Buchshecke, wenn man ihr so nahe rückt: Lindensämlinge, kleine Hollerpflanzen, Akeleien, Schöllkraut. Sie alle genießen offenbar das Jahr über den ungestörten Platz im Schatten des Buchses. Alle Pflanzen scheinen sich mit dem Buchs gut zu vertragen, die Aurikeln drängen in die Hecke, die jungen Christrosensämlinge und erst recht die Storchschnäbel. Sie alle müssen unbedingt aus der grünen Beeteinfassung entfernt werden, sie sind eine starke Konkurrenz um Licht und Platz und verursachen Löcher im Blätterkleid der Hecke.

Mein Rat

Der Buchsbaum-Heckenschnitt ist für Tiere giftig. Er darf nicht so entsorgt werden, dass ihn z. B. Rinder erreichen können. Ein Hobbygärtner wurde 1989 zu Schadensersatz verurteilt, weil er Buchsabfälle an einem Feldweg »entsorgt« hatte; die Jungrinder, die auf der Weide waren, fraßen den Heckenschnitt und erkrankten schwer, zwei von ihnen starben (siehe auch Seite 118). Auf dem Komposthaufen verrottet das Buchsbaumlaub zwar langsam, aber sicher.

Aber auch der Buchs hat Pflanzenlieblinge, zu denen er sich hingezogen fühlt; das sind die Schnittlauchpflanzen. Sie sind von den

Eindringlinge, auch wenn sie hübsch sind wie diese Akelei, sollten unbedingt aus der Hecke entfernt werden.

Buchswurzeln nur schwer zu lösen, die weit in den Schnittlauch hineinkriechen. Wachsen die Wurzeln des Einfassungsbuchses zu weit in die Beete hinein, so müssen sie von Zeit zu Zeit mit dem Spaten gekappt werden.

Werkzeug zum Schneiden

Bei frisch geschnittenem Buchsbaum fallen oft gelblich verfärbte Blattstummel auf. Dieses Vergilben einzelner Blätter nach dem Schnitt wird nicht – wie gelegentlich zu hören ist – durch das »Verbrennen« der angeschnittenen Blätter bei Sonnenschein verursacht, sondern durch das **Quetschen** der Blätter mit der Schere. Bei Scheren mit Amboss und nur einer Schneide sind diese Schäden besonders groß. Je schärfer die Schere ist, desto weniger Quetschschäden werden auftreten, aber ganz vermeiden lassen sie sich nicht.

Angeblich ließen deshalb ehrgeizige Gartendirektoren früher die jungen Buchstriebe von den Gärtnern mit den Fingernägeln einkürzen und verbannten die Scheren aus dem Formschnitt. Kaum zu glauben! Aber auch heute noch ist der Formschnitt überwiegend Handarbeit, die elektrische Heckenschere ist dafür nur sehr bedingt tauglich. In großen Gartenbaubetrieben lassen allein die Entfernungen zu den Feldern ein Arbeiten mit elektrischen Geräten nicht zu. Historische Schlossgärten mit ausgedehnten formalen Gartenteilen verfügen über fahrbare Stromaggregate und können zumindest teilweise mit elektrisch betriebenem Werkzeug arbeiten. Aber die Unzufriedenheit mit den marktgängigen elektrischen Heckenscheren ist auch bei Gärtnern groß.
Die Buchsformen in großen Parkanlagen werden daher überwiegend mit rasiermesserscharfen Beidhandscheren geschnitten.

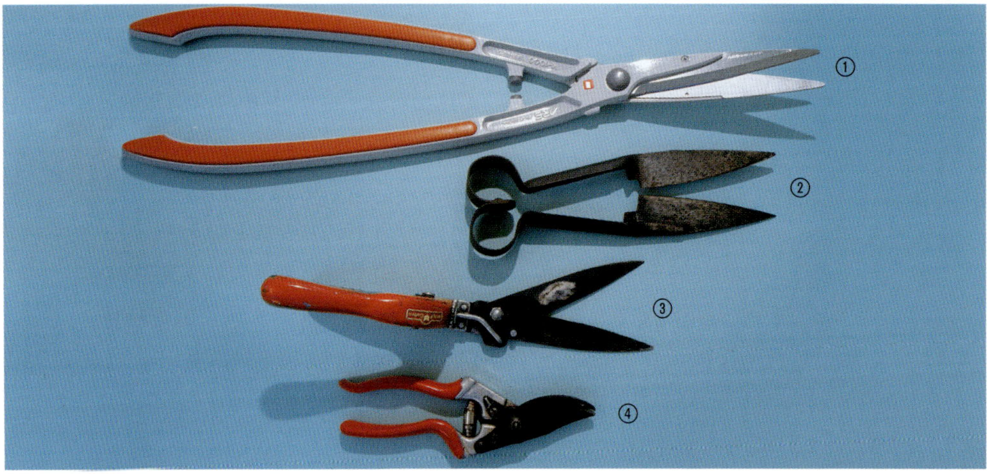

① Beidhand-Formierschere, ② Schafschere, ③ Rasenschere, ④ Gartenschere (für das Kürzen der Triebe z. B. an großblättrigen Buchspflanzen).

Rasenschere

Für das Schneiden von Buchsbaum im Privatgarten eignet sich ganz gut eine Rasenschere, die mit einer Hand zu bedienen ist. Wichtig ist, dass diese mindestens einmal jährlich vom Fachmann geschliffen und häufig mit dem Wetzstein nachgeschärft wird. Es gibt auch selbstschärfende Handgrasscheren aus gehärtetem Spezialstahl und mit verstellbaren Handgriffen.

Sehr gute Ergebnisse, das heißt eine Oberfläche mit wenig Quetschstellen, erhält man beim Schneiden mit einer **Schafschere**. Dieses Werkzeug eignet sich besonders gut für den Formschnitt von kleineren Skulpturen. Allerdings muss man den Umgang mit der Schafschere üben.

So schneidet man mit der Beidhand-Formierschere.

MaSter-Bux

Eine für den Fein- und Formschnitt besonders gut geeignete Einhandschere ist die MaSter-Bux der Firma Master. Sie hat einen gummierten Bügelgriff und wird mit der Kraft der ganzen Hand geführt. Die extra langen rostfreien Klingen sind zweischneidig und zerrupfen kein Blatt, wodurch keine Verfärbungen auftreten. Die Schere ist leicht, sie wiegt lediglich 138 Gramm, und liegt sehr gut in der Hand. Auch nach längerem Gebrauch holt man sich mit ihr weder Blasen noch verkrampft die Hand.

Die Schafschere eignet sich gut zum Schneiden einer Markierungslinie.

Beidhandscheren

Das professionellste Werkzeug für den Formschnitt im Privatgarten ist derzeit eine superleichte Beidhandschere der Firma Hermann

Mein Rat

Ebenso wichtig wie die Schärfe der Schere ist das häufige Ölen. Nur eine gut geölte Schere geht leicht und erspart uns Blasen an den Händen.

Besonders bei großen Hecken erleichtern elektrische Heckenscheren die Arbeit.

Meyer in Rellingen. Diese Hecken- und Formierschere hat japanische Präzisionsklingen mit selbstschärfenden Blättern und ist über die ganze Länge nur 63 cm lang (Bezugsquelle siehe Seite 121). Profis schneiden mit Beidhandscheren gerade Hecken mit Hilfe von Lehren und Buchsformen aus der freien Hand.

Akku-Scheren

Schließlich sei auf Akku-Formierscheren hingewiesen. Sie haben meist eine Schnittbreite von 10 cm und sollten wenigstens eine Laufzeit von 60 Minuten haben.
Nach meinen Erfahrungen finden Buchsgärtner/-innen mit der Zeit das für sie am besten geeignete Werkzeug für den Formschnitt heraus, vorausgesetzt, sie sind bereit, mehrere Werkzeugtypen zu erproben.

Elektrische Heckenscheren

Es ist leider eine Tatsache, dass mit dem Wachstum der Hecken auch die Gärtner und Gärtnerinnen älter werden. Haben die Buchseinfassung oder die Sichtschutzhecke in Höhe und Breite ihre Form erreicht, dann sind sie auch entsprechend mühsam in Form zu schneiden. Spätestens dann empfiehlt sich die Anschaffung einer elektrischen Heckenschere.
Sie soll möglichst leicht sein und benötigt für das Schneiden von Buchshecken nur ein relativ kurzes Schwert. Wichtig ist eine Zwangssicherung, die verhindert, dass beim Arbeiten eine Hand frei bleibt und in das Messer geraten kann. Ich benutze seit Jahren eine Viking HE 400 – leider wird sie nicht mehr hergestellt. Die Firma Stihl (die Viking übernommen hat) bietet ein vergleichbares Gerät an, die HSE 41. Sie hat eine Schnittlänge von 45 cm und wiegt 2,9 kg. Die Bedienung erfolgt beidhändig und es gibt eine Kabelzugentlastung die verhindert, dass die Steckverbindung beim Nachziehen nicht versehentlich getrennt wird. Die modernen Heckenscheren laufen relativ geräuscharm, haben lasergeschnittene Messer und schneiden mit hoher Hubzahl.

Buchsbaum pflanzen und pflegen

Buchsbaum ist anspruchslos und zäh. Der einzige Pflegefehler der ihm droht, ist Wassermangel in der gefährlichen Februar- und Märzsonne. Die enorme Blattoberfläche einer geschnittenen Pflanze erzeugt eine hohe Verdunstungsrate. Eine Kugel von 90 cm Durchmesser hat eine geometrische Oberfläche von 2,5 m^2, aber die Blattoberfläche beträgt davon ein Vielfaches.

Wenn einzelne Zweige oder ganze Sträucher den Winter über absterben, so ist mit Sicherheit Wassermangel die Ursache. Besonders an gefährdeten Standorten wie in der Nähe des Hauses oder am Ende einer Rabatte sollte man daher die Pflanzen während trockener Witterungsperioden auch und gerade in der kalten Jahreszeit gießen.

Empfindlich sind alle Buchsbaumsorten auch gegen Auftausalze. Dagegen tolerieren sie Rauch und Ruß sowie andere Immissionen aus Industrie und Verkehr.

Standort und Boden

Der Buchsbaum ist ursprünglich eine Waldpflanze und liebt den Halbschatten. Daher gilt es als besondere Eigenschaft von bestimmten

Magerer Boden und eine Volldüngung pro Jahr sind gute Voraussetzungen für die Erhaltung eines solchen Buchsbaumrades.

Sorten, wenn sie auch pralle Sonne vertragen. Aber kaum eine Buchsbaumpflanze wird es vertragen, ganztägig an einem heißen, tockenen Platz in der Sonne zu stehen.

Buxus bevorzugt lehmige, alkalische, aber er toleriert auch schwach saure bis stark alkalische Böden (pH-Wert 6,5–8,5), wenn diese humos und durchlässig sind.

Die Böden dürfen auch karg und steinig sein; nur wenn sie zu sauer, stark verdichtet oder zu leicht und zu trocken sind, wird Buchsbaum kümmern. So mussten die Buchsbaumarabesken am Schloss Charlottenburg in Berlin durch Edelgamander *(Teucrium chamaedrys)* ersetzt werden, weil die Buchspflanzen in dem märkischen Sandboden nicht gedeihen wollten. Man hatte diesen Schlossgarten, der übrigens als Erster in Deutschland im französischen Barockstil angelegt worden war, 1950 mit Mustern aus Buchsbaum und farbigem Kies restauriert.

Das Pflanzen

Beim Pflanzen von Container- oder Ballenpflanzen sollte das Pflanzloch genauso tief sein wie der Wurzelballen, sodass die Pflanze nicht tiefer oder höher steht, als sie in der Baumschule gestanden hat; der Wurzelhals muss also mit der Bodenoberfläche abschließen. Bei sehr feuchtem Untergrund mit hohem Grundwasserspiegel tut es der Pflanze gut, wenn unter das Pflanzloch eine Drainage aus grobem Kies gelegt wird.

Pflanzen mit Ballentüchern sind heute (leider) manchmal in Kunststoffgewebe eingenäht, das unbedingt entfernt werden muss. Man setzt die Pflanze in das Pflanzloch, schneidet dann erst das Gewebe vorsichtig ein und zieht es unter gleichzeitigem leichtem Anheben der Pflanze unter dem Ballen heraus. Jutetücher muss man nicht unbedingt entfernen, da sie bald verrotten. Um den Wurzeln Platz zu schaffen, schneidet man das Gewebe aber an mehreren Stellen mit Messer oder Schere ein.

Buchsbaumpflanzen sollte man nicht in Billigmärkten kaufen, die oft Ware anbieten, die aus Mittelmeerländern oder Küstenregionen stammt. Dort wachsen die Pflanzen doppelt so schnell heran wie im mitteleuropäischen Klima, weil die Vegetationsperiode länger ist als bei uns, das heißt, es gibt fast doppelt so viele Tage im Jahr mit einer Temperatur über 6 °C und unter 32 °C. Solche Pflanzen, die schnell herangewachsen sind, haben meistens Probleme mit der Eingewöhnung in ein kontinentales Klima. Baumschulen, die auf die Qualität der Pflanzen achten, ziehen diese »kalt« heran, das heißt im Freiland der Region.

Das Umpflanzen

Das Wurzelwerk von *Buxus*-Sträuchern ist rundlich ausgedehnt mit vielen senkrechten Hauptwurzeln und stark verzweigt – ähnlich wie die oberirdischen Triebe. Dennoch kann Buchsbaum auch im Alter noch umgepflanzt werden und wächst unter guten Bedingungen, das heißt vor allem bei ausreichender Bewässerung, wieder ein.

Ich habe miterlebt, wie dreißig, ja fünfzig Jahre alte Sträucher wegen eines Hausabris-

ses gerettet werden mussten und diese Rettung auch überlebten.
Im zeitigen Frühjahr können die Sträucher sogar fast ohne Erdballen versetzt werden. Das ist auch die Zeit, in welcher man ballenlose Einfassungsbuchs-Pflanzen in manchen Baumschulen kaufen kann. Je weiter das Gartenjahr fortgeschritten ist, desto unversehrter sollte der Wurzelballen beim Ausgraben des Strauches geborgen werden.
Fachleute haben spezielle Methoden, um große Buchsexemplare umzusetzen; sie graben z. B. im Herbst eine Hälfte des Wurzelballens frei und unterlegen diese mit Torfmull. Im zeitigen Frühjahr wird dann der restliche Ballen freigegraben und die Pflanze umgesetzt. Ungünstig für das Umsetzen von Buchsbaum ist der Herbst, weil das Einwachsen der Pflanzen dann nicht mehr rechtzeitig gelingt und die Gefahr des Vertrocknens im Winter groß ist. Es geschehen aber manchmal Wunder, das Versetzen gelingt zur ungünstigsten Zeit oder tot geglaubte Exemplare begrünen sich nach langem Dornröschenschlaf wieder. Geduld ist ohnehin eine brauchbare Tugend für das Gärtnern – beim Umgang mit Buchsbaum kann man sie lernen.

Wenn die Wurzeln an der Wand des Pflanzgefäßes nach oben wachsen, ist es Zeit zum Umpflanzen.

Buchsbaum düngen

Bodenbeschaffenheit und Düngung sollten auch auf die jeweilige Verwendung des Buchsbaumes abgestimmt werden. Buchsbaumarabesken in Schlossgärten stehen gewöhnlich auf magerem Boden, damit sie nicht so schnell wachsen. Dennoch müssen sie einmal im Jahr mit Volldünger gedüngt werden, sollen sie ein üppiges Laubkleid hervorbringen. Beeteinfassungen können meistens nicht auf magerem Boden stehen, weil die Pflanzen in den Beeten nährstoffreichen Boden benötigen – Ausnahmen sind Lavendelbeete und dergleichen. Beeteinfassungen müssen daher nach meinen Erfahrungen nicht extra gedüngt werden. Alle anderen formierten Hecken, wie auch alle Formgehölze, benötigen eine jährliche Düngung in der Hauptwachstumsphase, am besten mit Hornspänen. Auch die meisten *Microphylla*-Sorten sind dankbar für eine solche Düngergabe. *Buxus sempervirens*-Sorten in Einzelstellung, die nicht oder kaum beschnitten werden, benötigen keinen Dünger. Wichtig für die Gesundheit aller Buchspflanzen ist dagegen ein lockerer kalkhaltiger Boden ohne Verdichtung und Staunässe.

Buchsbaum als Kübelpflanze

Buchsbaum wird überwiegend als Containerware erworben, und daher liegt es für viele Gärtner nahe, ihn auch als Kübelpflanze zu halten, zumal wenn es sich um eine Formschnittpflanze handelt. Diese Haltung ist jedoch nur unter ganz bestimmten Bedingungen von Erfolg gekrönt.

Betriebe, die sich mit dem Heranziehen von Solitärpflanzen befassen, topfen diese Pflanzen jedes Jahr – spätestens jedoch alle zwei Jahre – in Pflanzgefäße um, welche jeweils um zwei oder drei Zentimeter größer sind als die alten. Sorgfältig wird von Hand rund um den Ballen neues Substrat eingefüllt und ange-

Alle zwei bis drei Jahre empfiehlt sich das Umtopfen in größere Pflanzgefäße, wenn der Kübelbuchs gedeihen soll. Schwierig wird das Umpflanzen bei derart bauchigen Gefäßen.

drückt, damit das Wurzelwachstum und das oberirdische Wachstum der Pflanze voranschreiten können. Die Containerpflanzen werden mehrmals im Jahr gedüngt – wie andere Kübelpflanzen auch.

Substratergänzung und Düngung sind bei Kübelpflanzen deshalb von besonderer Bedeutung, weil durch den fehlenden Austausch mit der Bodenumgebung (Mikroorganismen, Kleinlebewesen) die Bodenermüdung besonders schnell erfolgt.

Während der Wachstumsperiode sollte man Kübelpflanzen einmal wöchentlich mit dem Gießwasser düngen; hierfür bietet die Firma Neudorff einen speziellen *Buxus*-Dünger an.

Was im Gartenbaubetrieb begonnen wurde, muss im Privatgarten fortgesetzt werden, wenn die Pflanze gedeihen soll. Kein noch so schöner Terakottatopf oder sonstiges geliebtes Pflanzgefäß kann länger als zwei Jahre für ein und dieselbe Buchskugel verwendet werden! Mit den Pflanzen müssen auch die Gefäße wachsen. Wenn Kübelpflanzen verkahlen, das Laub gelb oder braun wird, wenn die Pflanzen nicht mehr recht wachsen wollen, dann ist es vielleicht schon zu spät für diese Pflegemaßnahmen.

Buchsbaum hat ein besonders dicht verzweigtes Wurzelwerk und einen relativ schweren und umfangreichen Wurzelballen. Wie die meisten Laubgehölze hat Buchsbaum eine »Herzwurzel«. Typisch für diese Wurzelform sind viele senkrechte Hauptwurzeln, die zusammen mit den strahlenförmig abgehenden Wurzeln ein kompaktes Wurzelsystem bilden. Diese Eigenheit führt ja auch dazu, dass Buchspflanzen Beete einfassen können und

Die Größe des Pflanzgefäßes soll in etwa mit der Größe der Pflanze übereinstimmen, denn die Ausdehnung des Wurzelwerks ist ebenso groß wie die der oberirdischen Pflanzenteile.

Erdabschwemmungen verhindern. Bei der Wahl von Pflanzgefäßen muss dem jedoch Rechnung getragen werden.

Das Pflanzgefäß muss in Höhe und Breite der oberirdischen Pflanze entsprechen, sonst ist eine ausreichende Entwicklung des Wurzelballens nicht möglich. Je größer das Pflanzgefäß ist, desto geringer ist zudem die Gefahr, dass der Wurzelballen im Winter durchfriert. Nur wenige Buchssorten vertragen Frost an den Wurzeln, und diejenigen Sorten, die auch im Wurzelbereich absolut frosthart sind, sind nicht gerade die, welche man besonders oft als Kübelpflanzen antrifft (z. B. *Buxus sempervirens* 'Latifolia Maculata').

Krankheiten und Schädlinge

Runde schwarze Verfärbungen zeigen einen Befall durch *Cylindrocladium buxicola*.

Jahrelang galt der Buchsbaum als gesundes Gehölz, an dem nur selten ein Befall etwa durch Buchsbaumblattfloh, Spinnmilben oder Schildläusen zu sehen war. Leider gehört der Buchsbaum inzwischen zu den Gehölzen, die wir genauer beobachten und regelmäßig auf Veränderungen hin inspizieren sollten.

Pilzerkrankung durch *Cylindrocladium buxicola*

Besonders alarmieren soll uns eine Veränderung der Farbe von Blättern und Zweigen:

- Schwarze runde Verfärbungen der Blätter bis zur Hälfte des Blattes.
- Dünne, fast schwarze vertikal verlaufende bis 1 cm lange Streifen an den Ästen
- Abgefallene Blätter, die an der Unterseite womöglich bereits einen weißen Sporenbelag zeigen, sind deutliche Merkmale für eine Infektion mit dem Pilz *Cylindrokladium buxicola*.
- Oft sind die dichtesten und inneren feuchtesten Partien, als erstes befallen.

Während wir alle vertraut sind mit Pilzerkrankungen an Obstgehölzen und selbst die Erkrankung unserer Lieblingsrose mit Sternrußtau uns keineswegs in Panik versetzt, rief der Befall von Buchsbaum mit dem neuen Pilz europaweit panisch zu nennende Reaktionen hervor. Allerdings ist diese Panik verständlich, wo es um große buchsbetonte Gartenanlagen oder um die Existenzgefährdung von Baumschulen geht.

Ursprünglich aus Mittelamerika, Mexiko und der Karibik eingewandert, verursachte der neue Erreger eine erste Infektionswelle Mitte der neunziger Jahre in englischen Buchsbeständen. In Großbritannien wurde dann im Jahr 2002 *Cylindrocladium buxicola* als eigenständige Art erkannt und beschrieben. In norddeutschen Baumschulen klagte man ab 2005 über Ausfälle und ab 2007 war die Buchserkrankung auch in Süddeutschland angekommen. In den Niederlanden, Frankreich und Italien, Ländern, aus denen Buchsbaum exportiert wird, ist die Erkrankung mittlerweile kein Geheimnis mehr. Die Sporen dringen in das gesunde lederartige Buchsbaumblatt ein – ohne dass hierzu eine Verletzung erforderlich wäre. Verbreitet werden die Pilzsporen mit dem Wind und wir müssen davon ausgehen, dass sie in Zukunft allgegenwärtig sein werden. Gegen die Sporen ist kein Kraut gewachsen, sie sind bekanntlich auf Überleben spezialisiert. Die Frage ist daher, was wir akut bei einer Erkrankung der Pflanzen und vorbeugend gegen eine Infektion tun können.

Rosskur bei Erkrankung

Ist die Infektion einmal da und an den oben aufgezählten Merkmalen erkennbar, so gibt es kein chemisches Medikament dagegen. Erfahrungen der Baumschulen lassen folgende Maßnahmen als sinnvoll erscheinen:

- Jungpflanzen mit den beschriebenen Symptomen sofort vernichten.
- Mehrjährige Pflanzen, die erst einen etwa handtellergroßen Befall zeigen, großzügig mit ultrafeinem Urgesteinsmehl bepudern.
- Einzelne befallene Triebe komplett ausschneiden.
- Befallene Hecken nicht in Form, sondern auf das gesunde Astgerüst herunter schneiden.
- Das gesamte abgefallene Laub samt der obersten krümeligen Erdschicht mit einem Industriestaubsauger aufsaugen.
- Kranke Triebe und Laub auf keinen Fall kompostieren, sondern verbrennen oder bei kleinen Mengen im Restmüll entsorgen. Buchsbaumblätter werden ohnehin nur langsam abgebaut und würden die Sporen konservieren.
- Die Scheren zehn Minuten in Spiritus desinfizieren, Gartenschuhe säubern.

Vorbeugen ist besser als heilen

Die einfachste und augenblicklich wirksame Methode der Vorbeugung besteht darin, Pflanzen, die Krankheitsmerkmale zeigen, nicht zu kaufen, bzw. an den Versandhandel zurückzusenden. Die zweite Maßnahme besteht darin, dem Pilz das Leben nicht unnötig leicht zu machen. Da die Sporen nur im nassen Blatt auskeimen und dazu drei bis vier Stunden benötigen, sollten wir den Buchspflanzen dabei helfen, in feuchten Witterungsperioden rasch abzutrocknen, indem wir:

- Die Bepflanzung im Garten luftig halten und Wind und Sonne an den Buchs lassen,
- Buchs nicht zu eng pflanzen und nicht öfter als einmal im Jahr schneiden,
- Heckenwände mit Profil schneiden (die Kante abschrägen), damit das Wasser besser abläuft,
- Buchs nicht durch andere Pflanzen überwuchern lassen,
- Buchsbaum nicht über Kopf wässern oder sprengen.

Manche Baumschulen spritzen ihre Buchspflanzen vorbeugend mehrfach mit systemischen Fungiziden und hochwertigen Kupfer-Schwefel-Präparaten, bevor sie diese verkaufen. Diese Behandlung schützt jedoch keineswegs vor einer Infektion der Pflanzen im Garten der Baumschulkunden.

Ab 33 °C stirbt der Pilz ab, aber leider nicht die Sporen. Daher ist ein heißer Sommer oder ein warmer Sommer mit nur kurzen Regenperioden gut für den Buchsbaum. Winterliche Kälte kann den Sporen nichts anhaben. Da eine Blattfeuchtigkeit von einigen Stunden Voraussetzung für die Infektion ist, leuchtet es ein, dass jene *Buxus*-Sorten und -Formen am meisten gefährdet sind, die kompakt wachsen oder durch Formschnitt kompakt gehalten werden. Daher ist *B. s.* 'Suffruticosa' stärker gefährdet als ein frei wachsender *B. s.* var. *arborescens*.
Die wirksamste Vorbeugung gegen Pilzerkrankungen ist eine gute und robuste Gesundheit der Pflanze.

Weitere Pilzerkrankungen

Volutella buxi, ein weiterer Buchsbaumpilz, dringt in das Rindengewebe ein und bewirkt das Austrocknen der Blätter. Die Blätter verfärben sich hellgelb, sehen vertrocknet aus und fallen ab. *Puccina buxi*, der den Buchsbaumrost hervorruft, tritt hauptsächlich bei Sorten der Art *B. sempervirens* auf. Man erkennt den Befall zuerst an den jüngsten Blättern: aus anfänglich hellen Wasserflecken werden dunkelbraune pustelförmige Sporenlager; die Blätter werden in der Folge gelb und fallen ab. Beide Pilzerkrankungen entwickeln sich gerne an Pflanzen, die an völlig windgeschützten Gartenplätzen stehen. Wie bei Infektionen mit *Cylindrocladium buxicola* werden die abgefallenen Blätter entfernt und sofort vernichtet.

Schädlinge

Der aktuell am meisten gefürchtete Buchsbaumschädling ist der aus Asien (China) eingewanderte Buchsbaum-Zünsler. Die gefräßige Raupe wird nach mehreren Larvenstadien bis zu 5 cm lang, ist grün, schwarz-weiß gestreift mit weißen Borsten. Ab März (ab 7 °C) macht sie sich von innen nach außen über *B. sempervirens* her und verursacht schließlich Kahlfraß. Typisch ist, dass die verbleibenden Blätter gesund sind. Möglichst früh soll man die Raupen absammeln. Insektizide helfen, wenn man sie in ausreichender Menge und unter Druck aufbringt.
Vergleichsweise harmlos ist dagegen der allgemein bekannte Buchsbaumblattfloh *(Psylla*

Die hier sichtbaren weißen Wachswollknäuelchen zeigen einen Befall mit dem Buchsbaumblattfloh an.

buxi), ein kleinzikadenähnliches saugendes Insekt. Seine Tätigkeit bemerkt man an den weißen Wachswollknäuelchen, die sich in trockenen Frühsommern manchmal auf den Sträuchern finden lassen. Diesen Befall kann man getrost ignorieren. Auch die Buchsbaumgallmücke – in den Gallen wachsen die orangefarbenen Larven heran –, die Spinnmilbe sowie Schildläuse bereiten dem Buchsbaumgärtner manchmal Sorgen. Sie lassen sich jedoch mit bewährten Mitteln bekämpfen (Pyrethrine wie Spruzit oder Parexan).

Kleines Gesundheitsbrevier

Ob Buchs frei von Pilzerkrankungen bleibt und sich gegen Schädlingsbefall weitgehend wehren kann hängt davon ab, wie gesund eine Pflanze ist. Angesichts des erhöhten Sporendruckes in der Umgebung rückt die Gesunderhaltung des Pflanzenbestandes wieder stärker in das Bewusstsein. Vielleicht haben wir uns allzu sehr darauf verlassen, dass Buchsbaum genügsam und anpassungsfähig ist und dass man ihn in jeder Form verwenden kann. Die Beschreibung der Sorten zeigt, dass es durchaus unterschiedliche Ansprüche an Licht, Wärme und Dünger gibt und dass man nicht jede Sorte oder Art für alles verwenden kann. Ein paar Hinweise gelten jedoch grundsätzlich:

- Wie an seinem Wildstandort möchte der Buchs lockeren gut durchlüfteten Boden, daher öfter durchhacken und lehmigen Boden mit Sand oder Bimskies verbessern.
- Gegen sauren Regen und sauren Boden mit Algenkalk, Dolomit und Urgesteinsmehl puffern, einen pH-Wert von 7 anstreben.
- Für eine bessere Belüftung im Kleinklima des Gartens sorgen.
- Buchs nicht durch andere Pflanzen bedrängen lassen.
- Sparsam düngen mit Hornspänen, keinen mastigen Wuchs fördern.
- Das Bodenleben verbessern, zum Beispiel mit Effektiven Mikroorganismen nach Prof. Dr. Teruo Higa; mit einer Lösung von EM wurden erkrankte Pflanzen sogar geheilt.
- Nicht mit sauren Substraten arbeiten, weder Rindenmulch noch Torfmull verwenden.
- Idealer Bodendecker ist Kies, wie er in Schlossgärten verwendet wird oder Bimskies, der rasch abtrocknet.

Auf einen Blick

- Buchs ist kein teurer Spaß. Man kann die Pflanzen selbst heranziehen und formieren.
- Mit gutem Werkzeug und unter Beachtung einiger Regeln gelingt der Formschnitt. Erfahrung und weitergehende Kunstfertigkeit werden sich Enthusiasten selbst aneignen.
- Die Pflegeansprüche von Kübelpflanzen sollten nicht unterschätzt werden! Ausreichend große Pflanzgefäße, rechtzeitiger Substrataustausch und regelmäßige Düngung sind Voraussetzungen für das üppige Gedeihen der kostbaren Pflanzen.

Buchsbaum in Kunst, Volksmedizin und Magie

Buchsbaum interessiert uns heute vor allem als Pflanze. Aber bis in das späte 19. Jahrhundert war er nicht nur als Gartenpflanze gefragt, sondern auch als Arzneipflanze, kultischer Strauch und als Nutzholz. Noch heute schätzen Bildhauer und Schnitzer das seltene, sehr harte Material.

Buchsbaumholz

Im Altertum galt das Holz des Buchsbaums als abendländisches oder nordisches Ebenholz, weil es fast so kostbar war wie dieses und ebenso außergewöhnliche Eigenschaften besitzt. Durch das langsame Wachstum des Strauches oder Baums wird das Holz des Buchsbaums ungemein fest, dicht und schwer. Es ist kaum zu glauben, aber jeder kann es nachprüfen – Buchsholz ist etwas schwerer als Wasser. Es hat ein spezifisches Trockengewicht von 0,99–1,02. Bei der Klassifizierung der Hölzer nach ihrem **Härtegrad** wurde Buchsbaum an zweiter Stelle nach Ebenholz (steinhart) eingeordnet – als »beinhart«, weit vor Ahorn und Eiche.

Dennoch lässt sich Buchsholz gut schneiden, denn es ist fein und dicht gemasert, hat einen kleinen Kern und reißt, wenn es einmal verarbeitet ist, nicht mehr.

Buchsholz lässt sich gut polieren. Mit seiner gelblichen Farbe und gleichmäßigen Struktur ist es dichter und härter als Horn und fast wie Elfenbein. Ähnlich wie Elfenbein dunkelt auch Buchsbaumholz im Alter nach, es erreicht auf den Hirnflächen sogar einen kastanienfarbenen Ton. Für den Laien sind Kunstgegenstände aus Elfenbein, Horn oder Buchsbaum gar nicht so leicht zu unterscheiden – zumal Buchsbaumholz überhaupt nicht duftet. Unter der Lupe sieht man zahlreiche, sehr feine, helle Pünktchen, welche die Leitgefäße darstellen. Im Längsschnitt ist das Buchsholz auch unter der Lupe fast vollkommen dicht. Seiner außergewöhnlichen Eigenschaften

Buchsbaumholz wird in Form von Halbstämmchen angeboten, es ist fein und dicht gemasert.

Medizinlöffel, Buchstabenkette und Jo-Jo aus Buchsholz.

wegen ist Buchsbaumholz handwerklich wertvoll und bis heute begehrt. Wegen seiner Härte war es früher für die Herstellung von Druckstöcken für den Holzschnitt gefragt. (Je härter das Holz, desto höher die Druckauflage!) Berühmte Maler wie Adolph Menzel ließen ihre Druckstöcke in Buchsholz stechen. Buchsbaumfurniere waren ein wichtiger Werkstoff für Kunsttischlerarbeiten. Weberschiffchen waren aus Buchsbaumholz, ebenso Flöten und Klarinetten. Feine Bildhauerarbeiten, zum Beispiel fingernagelgroße honigfarbene Figürchen in so genannten Betnüssen, kann man heute in Museen betrachten. Vor allem aber wurden kleine Schatztruhen und Büchsen aus dem Holz gedrechselt. Letztere gaben auch der Pflanze den Namen: Büchse – box – *Buxus* – Pyxis. Der griechische Wortstamm für unser Wort »Büchse« hat Pate gestanden für den Namen des Buchsbaumes.

Herkunft von Buchsholz

In Meyers Konversationslexikon von 1894 kann man nachlesen, dass damals pro Jahr noch zehn Millionen Kilogramm Buchsbaumholz verbraucht wurden. Leider wurden auch die vorhandenen alten Bestände in der Türkei und im Kaukasus stark dezimiert und zum Teil mit der Wurzel gerodet, weil die Aderung des Wurzelholzes besonders schön ist. Die Buchsbaumwälder an den Küsten des Kaspischen Meeres, in Armenien und im Kaukasus mit Stammdurchmessern von einem halben Meter sind heute Legende.

Ein Netsuke aus Buchsbaum-Hirnholz.

Aber auch heute wird noch Buchsbaumholz gehandelt – wenngleich im Vergleich zu anderen Hölzern in verschwindend kleinen Mengen. Es handelt sich dabei um Importe aus Asien und Europa; die europäische Ware stammt aus den kleinen Buchsbaumwäldern Frankreichs. Dort wird das Holz im Winter geschlagen und zunächst senkrecht gelagert, damit der Saft aus den Stämmchen läuft, der sonst die gefürchtete »Bläue« (eine Pilzinfektion) hervorruft. Importiert werden gesägte Stämmchen von 60–150 Zentimeter Länge und einem Durchmesser von 7–12 Zentimetern. Dieses Holz wird in Halbstämme gespalten, um die Spannung im Holz zu vermindern, und in Kellern gelagert. Früher wurde das Holz zunächst gekocht und dann in Vogelsand gelagert, um Pilzinfektionen zu vermeiden. Angeblich wurde Buchsbaumholz früher mit Gold aufgewogen, so wie Pfeffer, aber das mag eine Redewendung sein, die lediglich den Wert des Holzes bezeichnet. Heute kostet ein Kilogramm je nach der abgenommenen Menge zwischen vier und acht Euro.
Da Buchsbaumholz schwerer als Wasser ist, ist ein Kilogramm nicht viel, jedenfalls weniger als ein Liter.

Handwerk, Kunsthandwerk und Kunst aus Buchsholz

Vor allem zum Instrumentenbau wird Buchsbaumholz heute noch gebraucht, um Flöten sowie die Wirbel und Saitenhalter von Geigen herzustellen. Kleine Zahnbüchschen (für die ausgefallenen Milchzähne), Kreisel, Jo-Jos und Buchstabenketten aus Buchsholz kann man in Spielzeuggeschäften erwerben.
Aber es gibt auch Kunsthandwerker, die sich auf die Verarbeitung von Buchsbaumholz spezialisiert haben. Einer von ihnen ist der Bildhauer Achim Goehr in Bad Bayersoien südlich von München. Er schneidet und sticht aus Buchsbaumhirnholz kleine Bildhauerarbeiten, zum Teil in der Tradition **japanischer Netsuke**. Diese Sammlerobjekte entstehen aus den kleinen Halbstämmen, die quer zur Faser gesägt werden (als Hirnholz) und manchmal schon eine gewisse Form vorgeben oder zumindest andeuten.
Die rundlichen, geschlossenen Formen sind durchbohrt, weil sie ursprünglich auf dem Knoten einer Kleiderkordel saßen. Rund zwanzig Arbeitsstunden braucht es, bis der Entwurf mit feinsten, scharf geschliffenen Meißeln, Sticheln und Ziehklingen ausgeführt werden kann. Die Figürchen werden am Ende

nur poliert, eine Oberflächenbehandlung der feinen Maserung ist nicht üblich. Auch japanische Netsuke wurden aus Buchsbaumholz gefertigt, aber auch aus Elfenbein, Hirschhorn, Walzahn usw.

Mit Buchsbaumholz arbeiteten Bildhauer der Frührenaissance. So schuf Conrat Meit, einer der bedeutendsten Bildhauer seiner Zeit nördlich der Alpen, Anfang des 16. Jahrhunderts die Kleinstskulpturen des Herzogs Philibert von Savoyen und der Margarete von Österreich, Tochter Kaiser Maximilians I. und Statthalterin der Niederlande. Die letztgenannte Skulptur – 7,4 Zentimeter hoch und nachgedunkelt – ist im Bayerischen Nationalmuseum in München zu bewundern.

Berühmte Kleinstkunstwerke aus Buchsholz sind die so genannten **Betnüsse**, auch sie stammen aus der Zeit um 1500. Es handelt sich um 5 Zentimeter kleine, aufklappbare Kapseln, deren Inneres mit figurenreicher, winziger Reliefschnitzerei geschmückt ist und die meist als Anhänger am Rosenkranz verwendet wurden.

Altes Buchsholz dunkelt nach, wie bei dieser Kleinskulptur aus der Frührenaissance: 7,4 cm hoch ist die Büste der Margarete von Österreich, die von Conrat Meit geschaffen wurde.

Buchsbaum in der Volksmedizin und der Magie

Ein nicht mehr ganz junger Dorf-Casanova versicherte mir einmal, dass der Buchsbaum im Volksmund »Kindstöter« heiße. Ich fand aber keinen weiteren Hinweis auf diese Anwendung des *Buxus* als Mittel zur Abtreibung. Dagegen war die Anwendung von Mutterkorn, Sadebaum, Thujazweigen, Safrankrokus, Sumpfmyrte, Oleander, Weinraute, Haselwurz und Rainfarn als Mittel zum Abbruch einer unerwünschten Schwangerschaft in der Volksmedizin in der Vergangenheit wohl bekannt. Dem etwas anrüchigen Ruf von Buchs mag eine andere medizinische Verwendung zugrunde liegen; er wurde nämlich als Ersatz

Kein Wunder, dass man dem Buchsbaum magische Kräfte zuschrieb – die vergrößerte Samenklappe sieht selbst aus wie ein Waldgeist, eine Eule oder ein Teufelchen.

für das Guajakaholz empfohlen, das bis zum Ende des 16. Jahrhunderts ein berühmtes Syphilisheilmittel war. Frische Triebe des Buchsbaumes verwendete man auch als Abführmittel.

Ab Mitte des 19. Jahrhunderts wurde Buchsbaumtee als Ersatz für das Chinin verwendet, das bekannte Malariamittel, welches auch zur Förderung der Wehentätigkeit eingesetzt wurde. Wie das Chinin ist auch der in Blättern und Wurzelrinde enthaltene medizinische Wirkstoff des Buchsbaums ein Alkaloid. Es handelt sich dabei um das Cyclobuxin bzw. **Buxin**. Wie andere bekannte Alkaloide, z. B. Nikotin, Digitalin oder Kodein, ist auch Buxin in sehr kleinen Mengen, die von Laien nicht dosiert werden können, eine wirksame Medizin, in größeren Dosen aber giftig. Buxin wirkt abführend, blutreinigend, schweißtreibend und fiebersenkend.

Buxus sempervirens enthält aber neben Buxin (und ätherischen Ölen) in allen Teilen auch Blausäureglycoside, die bekanntlich sehr giftig sind und bei der Anwendung als Arzneimittel einst zu fürchterlichen Nebenwirkungen führten. Heute hat Buchsbaum daher keinen Platz mehr in der Volksheilkunde. Weder Maria Treben noch Eva Aschenbrenner führen die Pflanze in ihrer Kräuterheilkunde auf.

Als **kultisches »Kraut«** hat der Buchsbaum dagegen auch heute noch Bedeutung. Er begegnet uns als Kranz an der Haustüre, als Adventskranz und als Hochzeitsgirlande. Wir finden ihn als Weihwasserwedel am Grab und eingebunden in die Palmbuschen, die am Palmsonntag in katholischen Kirchen geweiht werden. Der geweihte Buchs sollte einst vor bösen Geistern, Hexen und dem Teufel schützen und Blitzschlag abwehren.

Neben der magischen Funktion hat der Buchsbaum im Palmbuschen auch eine christlich- symbolische Bedeutung. In Ermangelung der südlichen Palmenzweige wurden für die Palmprozessionen seit dem Mittelalter wintergrüne Zweige von Ilex, Wacholder, Buchsbaum oder Eibe verwendet. Nach altem Brauch besteht der Palmbuschen aus immer Dreierlei vom Gleichen, also aus drei blühenden Palmkätzchen, drei Buchszweigen oder drei Eibenzweigen. Nach der Prozession und Weihe wird der Palmbuschen auf die Gräber gelegt, hinter das Hauskreuz oder unter den Dachfirst gesteckt, wo er wiederum eher magisch-schützende Aufgaben erfüllt.

In der geistlichen Barockliteratur können wir den Hinweis finden, dass Rosenkränze aus Buchsbaumholz die Lust zur Unkeuschheit nehmen. Der Glaube an diese fromme Wirkung geht vermutlich auf die Antike zurück. Griechen und Römer glaubten nämlich, dass die Göttin Venus die Manneskraft zerstöre, wenn bei ihrem Kult Buchsbaumzweige anstelle von Lorbeer und Myrte verwendet würden.

Buchsbaum war in der Antike dem Hades geweiht, dem schmerzenbringenden Gott der Unterwelt. Schon immer waren die unermüdlich austreibenden grünen Zweige ein Symbol der Ausdauer, des ewigen Lebens und der treuen Liebe über den Tod hinaus. Im alten Griechenland war der Buchsbaum der phrygischen Göttin Kybele geweiht, der Göttin der Natur.

Buchsgirlande, Buchssträußchen und Buchskranz gehören zum Inventar der Familienfeierlichkeiten.

Er ist also ein Strauch mit göttlichen Ambitionen, dieser Buchsbaum. Wir können uns getrost von ihm durchs Gartenleben begleiten lassen.

Auf einen Blick

- Buchsholz war seit der Frührenaissance ein bei Bildhauern, Holzschneidern und Kunsttischlern begehrter Werkstoff. Heute wird es noch im Instrumentenbau und für kleine Bildhauerarbeiten und Spielzeuge verwendet, aber nur noch in geringen Mengen gehandelt.
- In der Medizin spielt das Alkaloid Buxin – im Gegensatz zu früher – keine Rolle mehr, aber die grünen Zweige des Buchsbaums dienen in Europa nach wie vor kultischen Zwecken.

Adressen, die Ihnen weiterhelfen

Bezugsquellen

Pflanzen

Anzuchtbaumschule Atrops
Feldstraße 12
47509 Rheurdt
Tel.: 02845/609956
Fax: 02845/609957
(Spezialisiert auf mehrjährige Pflanzen und Buchsbaumstecklinge aus eigener Vermehrung im Freiland. Bewurzelte einjährige Stecklinge von 10 cm Höhe werden per Versandhandel an Betriebe und private Abnehmer verkauft. Angeboten werden: *B. s.* var. *arborescens,* 'Blauer Heinz', 'Herrenhausen', 'Handsworthiensis', 'Latifolia Maculata', 'Myrtifolia', 'Rotundifolia', Suffruticosa', 'Faulkner' und *B. m.* var. *koreana*, 'Latifolia Marginata', 'Argenteo Variegata', 'Hollandia', 'Trompenburg', 'Schopes', 'Vardar Valley', 'Green Gem')
www.baumschule-atrops.de

Baumschulen Bischoff
Eysölden M 45
91177 Thalmässing
Tel.: 09173/79190
(Buchsbaum ist Teil des Sortiments; Weiterkultivierung von Jungpflanzen bei *B. s.* var. *arborescens,* 'Blauer Heinz')
www.bischoff-garten.de

Baumschule Brenninger
Hofstarring 2
84439 Steinkirchen
Tel.: 08084/259901
Fax: 08084/259909
(Mehrjährige Pflanzen im Biobetrieb um *B. s.* var. *arborescens* und 'Suffruticosa')
baumschule @brenninger.de

Baumschule Lorenz von Ehren
Mahlfeldstraße 4
21077 Hamburg
Tel.: 040/761080
Fax: 040/76107100
www.LvE.de
(Angeboten wird das gesamte Buxus-Sortiment; empfohlen werden *B. s.* var. *arborescens* 'Bullata')

Baumschulen Huben
Schriesheimer Fußweg 7
68526 Ladenburg
Tel.: 06203/92800
Fax: 06203/928080
(Spezialisiert auf Züchtung von Buchsbaumsorten, Haltung von Mutterpflanzen [Stecklingsvermehrung ausgelagert], Kultivierung von Solitären, Heckenware, Formschnittpflanzen, größtes Buchsbaumsortiment in Deutschland. Angeboten werden [z. T. auch im Versandhandel]: 'Angustifolia', 'Aureopendula', 'Aureovariegata', 'Argentea', *B. s.* var. *arborescens,* 'Asiatic Winter', 'Belvedere', 'Blauer Heinz', 'Bodinieri', 'Brouwers', 'Carl', 'Faulkner', 'Glauca', 'Globosa', 'Graham Blandy', 'Green Gem', 'Green Jade', 'Green Mountain', 'Green Velvet', 'Haller', 'Handsworthiensis', 'Harlandii', 'Herrenhausen', 'Hollandia', 'Hyrcana', *B. m.* var. *japonica,* 'J. T. Baldwin', 'Latifolia', 'Latifolia Maculata'. 'Marginata', 'Morris Dwarf', 'Morris Midget', 'Myosotidifolia', 'Myrtifolia', 'National', 'Pendula', 'Pin Cushion', 'Planifolia', 'Prostrata', 'Pyramidalis', 'Riparia', 'Rotundifolia',

'Sämling', 'Sentinelle', *B. sinica* var. *aemulans, B. sinica* var. *insularis,* 'Sunny Side', 'Tide Hill', 'Trompenburg', 'Vardar Valley', 'Winter Beauty')
www.huben.de

Jungpflanzen Kordes
Mühlenweg 8
25485 Bilsen
Tel.: 04106/4011
Fax: 04106/4013
(Spezialisiert auf Jungpflanzen; Buchsbaumjungpflanzen sind ein Teil des Sortiments. Geliefert wird nur unter Vorbehalt des Zwischenverkaufs, größere Mengen werden auch so abgegeben. Angeboten werden: *B. s.* var. *arborescens,* 'Blauer Heinz', 'Herrenhausen', 'Faulkner', 'Elegantissima', 'Vadar Valley')
www.koju.de

Langley Boxwood Nursery
Rake
Hampshire
GU33 7 JN
Tel.: 01730/894467
www.boxwood.co.uk
(Sehr breites Sorten- und Artenangebot, Spezialist für Buchsbaum)

Baumschule Margheriti
località Torri Chiusine
I 53043 Chiusi (bei Siena)
Italien
Tel.: + 39/0578/227686
Fax: + 39 0578/21411
(Buchsbaum guter Qualität aus trockenem und relativ kühlem Klima ist Teil des Sortiments als frei gewachsener Solitär, Formpflanze und als meterhohe Containerware für hohe Hecken. Angeboten werden: *Buxus balearica, B. s.* var. *arborescens,* 'Argenteo Variegata', 'Aureovariegata', 'Bullata', 'Compacta', 'Faulkner', 'Linearifolia', 'Rotundifolia', 'Suffruticosa', und 'Thymifolia'. Spezialität: große Solitäre auch als Formschnittgehölze)

Garten Punzmann GmbH
Menzlhof 6
92665 Kirchendemenreuth
Tel.: 09681/92110
Fax: 09681/921130
www.garten-punzmann.de
(Buchsbaum ist ein Teil des Sortiments. Angeboten werden aus eigener Produktion über Versandhandel: *B. s.* var. *arborescens,* 'Aureovariegata', 'Blauer Heinz' [auch als Kugel], 'Herrenhausen', 'Faulkner', 'Suffruticosa' in den Ballengrößen 25/30 cm und 35/40 cm)

Garten Sauer
An der Olympiastr. 1
82418 Murnau
Tel.: 08841/488090
Fax: 08841/ 99272
www.garten-sauer.de
(Buchsbaum als Heckenware und Solitär ist Teil des Sortiments; angebotene Sorten: *B. s.* var. *arborescens*)

Baumschule Wörlein
Baumschulenweg 9
86911 Dießen/Ammersee
Tel.: 08807/92100
Fax: 08807/6050
(Spezialisiert auf Gehölze, Buchsbaum ist ein Teil des Sortiments. Angeboten werden: *B. s.* var. *arborescens* 'Rotundifolia', 'Suffruticosa', 'Blauer Heinz', 'Argenteo Variegata', 'Golden Tip', 'Elegantissima')

Werkzeuge für den Formschnitt

Hermann Meyer
Halstenbeker Weg 100
25454 Rellingen
Tel.: 04101/49090
Fax: 04101/490939

(Postversand, alle Werkzeuge für den Formschnitt)
www.stihl.de
www.master-garten.com

Buchsbaumholz

Holz-Connection-Nagel, Holz und Holzelemente
Holstenstraße 160
22765 Hamburg
Tel.: 040/382299

Effektive Mikroorganismen

MikroVeda
Mölleweg 5
46509 Xanten
Tel.: 02801/3488
office@mikroveda.de
www.mikroveda.de

Weitere Adressen

Altmärkischer Freundeskreis Buchsbaum e.V.
Wilhelm Hönow
Hauptstraße 5
39596 Baben
Tel.: 039388/28260
hoenow.w.buxus@web.de
Deutsches Buchsbaum Kompetenzzentrum, Ständige Ausstellung, Nationale Kollektion von Buchsbaum, Formschnittkunst an verschiedenen Standorten in der Altmark, Sachsen Anhalt

American Boxwood Society
Lynn R. Batdorf, Curator National Boxwood Collection
US National Arboretum
3501 New York Avenue NE
Washington, DC
200002-1958 USA
Tel.:+001/202/2455965
e-mail:batdorf
@usna.ars.usda.gov

Buchsbaum-Wanderpfad zwischen den Moselweinorten Karden und Müden durch das größte Buchsbaumgebiet nördlich der Alpen
www.rip-info.de

Deutsche Buchsbaumgesellschaft e.V.
Wolfgang Riede
W.-Pitt-Weg 17
07749 Jena
Tel.: 03641/445239
wolfgang-riede@gmx.de

Höhere Bundeslehr- und Forschungsanstalt für Gartenbau, Stauden- und Gehölzsichtungsgarten
Außenstelle Königshof, Burgenland
2462 Wilfleinsdorf
Österreich

Schau- und Sichtungsgarten Hermannshof
Babostraße 5
69469 Weinheim
Tel.: 06201/13652

Staudensichtungsgarten der Fachhochschule für Gartenbau
Am Staudensichtungsgarten 7
85354 Freising/ Weihenstephan
Tel.: 08161/710
Fax: 08161/714417

Literatur

- Alewyn, Richard: Palast und Park des Barock. 1997, In: Gartenlob S. 109–118
- Batdorf, Lynn, R.: Boxwood Handbook. Hg.: The American Boxwood Society, 1997
- Brand, Thomas: *Cylindrocladium buxicola* – eine neue Bedrohung für *Buxus* in Deutschland. In: Pflan-

zenschutz 38/2006, Landwirtschaftskammer Weser-Ems, Pflanzenschutzamt Oldenburg

- Dittrich, Werner: Buchsbaum. Nicht nur für Bauerngärten. 1984, In: Gartenpraxis 12, S. 9
- Everett, Thomas, H.: The New York Botanical Illustrated Encyclopedia of Horticulture. Garland Publishing, Inc. New York, London
- Foerster, Karl: Ferien vom Ach. 1962, Union Verlag, Berlin 1990
- Gartenlob. Ein kulturgeschichtliches Lesebuch. Beck'sche Reihe, München 1997
- Hauser, Albert: Bauerngärten der Schweiz. 1976, Artemis Verlag, Zürich/München
- Joyce, David: Topiary and the Art of Training Plants. 1999, Frances Lincoln
- Kern, Hermann: Labyrinthe. 1995, Prestel Verlag, München
- Kiermeier, Peter: Überprüfung und Bewertung des Buxus sempervirens-Sortiments. 1981, In: Die Deutsche Baumschule 6, S. 238–241
- Kiermeier, Peter/Bödekker, Nils: Plantus. Personal Edition. Freilandpflanzen Mitteleuropas. 1999, Verlag E. Ulmer, Stuttgart
- Maethe, Helmut: In Buchsbaum verliebt. 1990, In: Die Deutsche Baumschule 11, S. 572–573
- Menzinger, W. / Sanftleben, H.: Parasitäre Krankheiten und Schäden an Gehölzen. 1980, Verlag Paul Parey, Berlin und Hamburg
- Pirc, H.: Buxus-Sichtung in Schönbrunn. In: Gärtner und Florist. Österreichs Magazin für die grüne Branche. 18/2010, S. 18–21.
- Schneider, Camillo Karl: Illustriertes Handbuch der Laubgehölze, Bd. I, II. 1912, Verlag Gustav Fischer, Jena
- Schulz, Hugo: Vorlesungen über Wirkung und Anwendung der deutschen Arzneipflanzen. 1921, Georg Thieme Verlag, Leipzig
- Schrenk, Friedemann: Der Unterkiefer von Bilzigsleben. 2000, In: SZ Umwelt Wiss. Technik 31, S. V 2/14, 8. Februar
- Spellerberg P.: Gehölzsichtung. Ergebnisse der Sichtungsprüfung bei *Buxus* 1994–2000 Hg.: Bund Deutscher Baumschulen e. V., Pinneberg/Bundessortenamt Hannover:. 2001 Ergebnisse über www.gehoelzsichtung.de/indexbuxus.htm
- Van Trier, H./Hermanns, D.: Buchs. 2007, Ulmer, Stuttgart
- Verey, Rosemary: Mein Traumgarten entsteht. 1996, Christian Verlag, München
- Wimmer, Clemens Alexander: Geschichte der Gartentheorie. 1989, Wissenschaftliche Buchgesellschaft, Darmstadt

Stichwortverzeichnis

Zahlen mit * verweisen auf Abbildungen

Die Autorin

Dr. Gerda Tornieporth, gelernte Gärtnerin, Professorin für Erziehungswissenschaft der Technischen Universität Berlin, gärtnert und schreibt mit Leidenschaft. Von ihren zahlreichen Veröffentlichungen erschienen im BLV-Verlag »Pfingstrosen«, »Das große Buch vom Buchs«, »Hildegard von Bingen, das Gartenbuch«.

Bibliographische Information Der Deutschen Nationalbibliothek
Die Deutsche Nationalbibliothek verzeichnet diese Publikation in der Deutschen Nationalbibliografie; detaillierte bibliografische Daten sind im Internet über http.//dnb.d-nb.de abrufbar.

Bildnachweis
AKG: Seite 19
Atrops, Brigitte: Seite 108
Borstell: Seite 2/3, 8, 18, 37, 59, 64 u.r., 65 o. und u., 73, 76, 93, 94
Farbig, Rudi: Seite 70
KKOB Agentur für Public Realations GmbH/Stihl: Seite 102
Kunow: Seite 9, 10 o., 10 u., 11, 12, 15, 17, 25, 27, 45, 48 l., 57, 58, 61 o. und u., 67, 84, 87, 88 u.l., 91, 96, 97, 101 u., 103, 110
Lawson/The Garden Collection: Seite 20/21
Reinhard: Seite 13, 16, 22, 24 o.r., 66, 68, 72, 78, 80, 81, 82/83, 106,
Seidl: Seite 24 o.l., 36, 38, 39 u.l., 44, 50 r.
Strauß: Seite 6/7, 54/55, 107, 112/113, 118
Sutherland/The Garden Collection: Seite 1
Tornieporth: Seite 23 u., 26 o.l. und o.r., 30, 31, 32, 33, 35, 40, 41, 42, 43 l., 43 r., 46 o., 46 u., 47, 48 r., 49, 50 l., 51, 62, 64 o.r., 88 o., 116
Wittmann: Seite 23 o., 24 u., 34, 39 u.r., 52, 56, 63, 64 l., 74, 75, 85 (alle), 86 o. und u., 88 u.r., 90 beide, 92, 98, 99, 100, 101 o., 105, 114, 115, 117
Seite 116 u.: aus: »Deutsche Plastik der Renaissance«, Langwiesche-Königstein

Grafiken: Heidi Janiček

Überarbeitete und erweiterte Ausgabe des Titels »Buchs im Garten« aus der Reihe »BLV Garten Plus«.

BLV Buchverlag GmbH & Co. KG
80797 München

Umschlagfotos: Wittmann (Vorderseite); Borstell (Rückseite)

Lektorat: Dr. Thomas Hagen
Redaktion: Redaktionsbüro Wolfgang Funke, Augsburg
Herstellung: Hermann Maxant

Satz: Uhl + Massopust, Aalen

Gedruckt auf chlorfrei gebleichtem Papier

Printed in Germany ·
ISBN 978-3-8354-0500-4